Meiner Familie

Christoph-Maria Liegener

Der Muttersohn im Mythos

Autor: Christoph-Maria Liegener

Verlag: tredition
Printed in Germany

ISBN:
978-3-7323-7088-7 (Paperback)
978-3-7323-7089-4 (Hardcover)
978-3-7323-7090-0 (e-Book)

Inhalt

Vorwort 7

Einleitung 9

Muttersöhne in der Bibel 12

Der Esau-Effekt 12

David, Salomo, Moses, Isaak, Johannes der Täufer 20

Die Engel 24

Jesus 25

Muttersöhne in anderen frühen Mythen 37

Der Muttersohn als Mittler zwischen Gott und Mensch 37

Muttersohn und göttliches Kind 43

Die Mater Dolorosa 44

Der Muttersohn in Mythen unserer Zeit 46

Muttersohnähnliche Kollektive 46

Das Schicksal der Menschheit 50

Ein anderer Ausweg 57

Muttertöchter 61

Schlusswort 66

Literaturverzeichnis 69

Vorwort

Der Typus des Muttersohnes taucht recht oft in den verschiedenen Mythen der Welt auf, ohne indes so genannt zu werden. In der vorliegenden Untersuchung geht es darum, Allgemeingültiges zu diesem Begriff in den Mythen zu entdecken. Es ist ein Thema, das typisch menschlich ist, es ist archetypischer Natur. In dieser Situation sollten Beispiele genügen, da sie sich in den anderen Mythen wiederholen sollten. Dementsprechend ist eine Vollständigkeit in der Erfassung nicht unbedingt erforderlich. Das Material der Mythologie ist es sehr umfangreich. Es kann daher sein, dass ich den einen oder anderen Mythos, der zur Sache beiträgt, übersehen habe. Dafür bitte ich um Entschuldigung.

Einige Themen der Bibel kommen in diesem Büchlein zur Sprache. Bei der Diskussion, die ich dabei führe, beziehe ich mich zuweilen auf die entsprechenden Bibelstellen. Diese sind der Lutherbibel von 1912 entnommen.

Dr. Dr. Christoph-Maria Liegener

Einleitung

Der Muttersohn ist ein bekannter Begriff in der Psychologie. Er macht deutlich, wie aus der Erziehung eines Kindes bestimmte Eigenschaften des Erwachsenen entstehen. Bekannt wurde er vor allem durch Pilgrims Buch (Pilgrim, Muttersöhne, 1986), in dem die großen Weltzerstörer Hitler und Stalin als Beispiele für Muttersöhne dargestellt wurden. Bereits daran kann man erkennen, welche Tragweite der Begriff hat. Auch fand das Thema Niederschlag in Romanen (Dose, 1904, Walser, 2011). Im vorliegenden Buch soll gezeigt werden, dass der Begriff in der Tat tief im kollektiven Unbewussten der Menschheit verwurzelt ist. Ohne als solcher benannt worden zu sein, fand er Eingang in die frühesten Mythen der Menschheit.

Zu diesen Mythen gehört auch die Bibel. Natürlich gibt es Menschen, die die Bibel nicht als einen Mythos betrachten, sondern als Tatsachenbericht. Andererseits hat selbst Papst Benedikt XVI. die biblische Erzählung vom Sündenfall als Vision und „großes Bild“ bezeichnet (Benedikt, 2008):

„Das Böse bleibt geheimnisvoll. Es wird in großen Bildern dargestellt, wie es das *3. Kapitel des Buches Genesis* mit jener Vision von den zwei Bäumen, von der Schlange, vom Menschen, der zum Sünder wird, tut. Ein großartiges Bild, das uns rätseln lässt, aber das, was in sich unlogisch ist, nicht zu erklären vermag.“

Die Bibel als Mythos zu verstehen, heißt ja nicht, dass sie nicht Glaubensgrundlage sein kann. Wie jeder Mythos enthält sie verschlüsselte Botschaften. Es geht nur darum, sie richtig auszulegen. Auch muss differenziert werden. Teile der Bibel dürften durchaus Tatsachenberichte sein. Für andere Teile aber gilt: Man muss nicht päpstlicher sein als der Papst.

Pilgrims Arbeit konzentrierte sich damals hauptsächlich auf die negativen Aspekte des Phänomens „Muttersohn". Bei ihm sind Muttersöhne Söhne, die sich nicht von ihren Müttern lösen konnten. Damit wurden sie zu Projektionsflächen für ihre Mütter, die ihre eigenen unerfüllten Wunschvorstellungen auf sie projizierten. Diese Mütter waren oft in ihre Genderrollen gezwungen worden, so dass sie sich nicht frei entwickeln konnten und ihre eigenen Persönlichkeiten konturlos blieben. Die so entstandenen Entwicklungsdefizite versuchten sie mit der Erziehung ihres jeweiligen Sohnes zu kompensieren, sich in ihm zu verwirklichen. In jenen Gesellschaftsformen, in denen die Mutter als Frau sich nicht verwirklichen konnte, sandte sie ihren Sohn aus, damit er die Ideale, die sie ihm eingepflanzt hatte, an ihrer Stelle verwirklichte. Die so in einen Narzissmus getriebenen Söhne entwickelten durch ihre Gendervorbilder weibliche Züge, die sie mit einer künstlichen Männlichkeit zu überdecken suchten. Das führte durch Überkompensation manchmal zu sexueller Überaktivität, verhinderte manchmal ein normales Eheleben. Außerdem kam es zu inneren Konflikten, zu Selbst- und Fremdhass. Muttersöhne neigten einerseits zur Selbstzerstörung, andererseits äußerte sich der Drang, die eingepflanzten Ideale in die Welt zu tragen, in einer Eroberungswut der Muttersöhne. Sie strebten Dominanz an, waren dabei selbstgerecht und wurden nicht selten zu Tyrannen. Pilgrim entdeckte dieses Schema bei den großen Weltzerstörern der Geschichte.

Im vorliegenden Büchlein soll allerdings nicht so sehr das Negative im Vordergrund stehen, vielmehr die Ambivalenz betont werden, das Potential zum Besonderen bei jenen Menschen, zum besonders Guten genauso wie zum besonders Bösen. Auch wird nicht so sehr von einer negativen Mutterprägung als vielmehr von einer fehlenden Vaterprägung ausgegangen.

In der Bibel wimmelt es von Muttersöhnen: Jesus, David, Salomo, Moses, Isaak, Jakob, Johannes der Täufer waren Muttersöhne und es gibt Grund zu der Annahme, dass noch weit mehr Gestalten der Bibel die Kriterien dafür erfüllten. Sie alle haben eine weitere Gemeinsamkeit: Sie waren Gott nahe. Es war argumentiert worden (Liegener, Wie wurde Jesus Gottes Sohn? – Muttersöhne in der Bibel, 2016), dass Gott beim Muttersohn die unbesetzte Stelle des Vaters einnahm. Der Muttersohn sah ihn als einen Ersatzvater, übernatürlich zwar und fern, aber doch in gewissem Maße ihm zugänglich, mehr jedenfalls, so scheint es, als anderen Menschen. Offenbar half die Prägung als Muttersohn, Kontakt zu Gott aufzubauen. Diese Rolle als Mittler zwischen Mensch und Gott ist ganz charakteristisch für Muttersöhne in Mythen. Sie taucht auch in anderen Mythen der Menschheit auf. Zunächst soll aber mit der Bibel begonnen werden.

Muttersöhne in der Bibel

Der Esau-Effekt

Die Rollen von Muttersohn und Vatersohn in der Bibel werden in der Episode von Esau und Jakob besonders deutlich. Während Esau vom Vater bevorzugt wurde, galt die größere Zuneigung der Mutter Jakob. Die selektive Zuneigung des Vaters zu Esau und der Mutter zu Jakob beruhte auf Gegenseitigkeit: Esau war gern draußen, wo der Vater Aufsicht führte, Esau bevorzugte die Hütten, das Reich der Mutter. Da war eine gewisse Entwicklung vorgezeichnet. Esau wurde ein Vatersohn, Jakob ein Muttersohn. Es war schon erwähnt worden, dass Volker Elis Pilgrim solchen Persönlichkeitstypen psychische Profile zuordnete (Pilgrim, Muttersöhne, 1986, Pilgrim, Vatersöhne, 1993): Vatersöhne konnten mit Hilfe des Vaters ihre Männlichkeit ausbilden (es musste nicht immer der leibliche Vater sein, auch vaterähnliche Figuren wie Großväter oder Onkel kamen in Frage). Sie sind friedliebend, Teamplayer, Versorger, allerdings unterwürfig gegenüber Vaterfiguren, also autoritätshörig, sie erfüllen die Norm, notfalls auf Kosten ihrer eigenen Individualität. Muttersöhnen dagegen fehlte eine Vaterfigur, mit der sie sich identifizieren konnten. Die Mutter beanspruchte den Sohn ganz für sich (es konnten auch mutterähnliche Figuren wie Großmütter oder Tanten sein). So konnten diese Söhne sich nicht aus der mütterlich-weiblich geprägten Kindheit befreien, sie tragen die projizierte Unzufriedenheit der Mutter mit ihrer gesellschaftlichen Rolle in sich, sie überdecken weibliche Verhaltensmuster mit scheinbarer Männlichkeit, was zu inneren Konflikten führt, sie manipulieren, intrigieren, sind ehrgeizig, machthungrig, neigen zur Selbstzerstörung und, wenn sie an die Macht kommen, zu Autokratie und Gewalt. Pilgrim nannte als Bespiele für Vatersöhne Mozart, Goethe und Freud, als Beispiele für Muttersöhne Hitler, Stalin und Napoleon.

Pilgrim konstatierte, dass Vatersöhne in ihrer friedlichen, autoritätshörigen Art den schillernden, machthungrigen Muttersöhnen nicht gewachsen sind und dass, wenn sie aufeinandertreffen, wenn es zur Konfrontation kommt, Vatersöhne vor Muttersöhnen zusammenbrechen. Das hängt auch damit zusammen, dass der Muttersohn das Väterliche idealisiert und gern selbst eine väterliche Rolle übernimmt, der Vatersohn hingegen gewohnt ist, gegenüber einer Vaterfigur seinen untergeordneten Platz einzunehmen, und sich in dieser Konstellation dem Muttersohn unterordnet.

Diese Schemata sind natürlich schablonenhaft und treffen nicht in jedem Einzelfall zu. Trotzdem lassen sich immer wieder einzelne Züge identifizieren, die passen, so im vorliegenden Fall. Manche der Züge lassen sich allerdings auch anders erklären. In der Geschichte von Esau und Jakob wird der Muttersohn Jakob von einem Ehrgeiz getrieben, der auch durch Geschwisterrivalität, die oft zwischen Zwillingen besonders ausgeprägt ist, zu erklären wäre (allerdings zeigt der Vatersohn Esau diesen übertriebenen Ehrgeiz nicht). Typisch für das Prägungsschema wäre auf jeden Fall, dass der Vatersohn Esau vom Muttersohn Jakob ausgehebelt wird, ihm an Durchsetzungskraft nicht gewachsen ist. Auch passt die Schablone, dass der Vatersohn Esau der moralisch richtig Handelnde ist, der auch bereit ist zu verzeihen. Umgekehrt verkörpert der Muttersohn Jakob den Intriganten. Ihr Konflikt symbolisiert den Konflikt des Vatersohnes mit dem Muttersohn. Bezeichnenderweise geht der Konflikt vom Muttersohn aus.

Esau wurde von Jakob durch Lug und Trug um den Erstgeburtssegen gebracht. Jakob raubte Esau den Segen, der Muttersohn dem Vatersohn die Auszeichnung. Man könnte fast sagen, dass diese Situation sich zwangsläufig so ergeben musste. Der Muttersohn strebt krampfhaft nach Höherem, will sich selbst zur Vaterfigur machen. Er glaubt, Anspruch auf Auszeichnung zu haben und ist bereit, zur Erreichung seiner Ziele unlautere Mittel einzusetzen. Der Vatersohn ist gewohnt, sich dem Vater unterzuordnen, im Team zu spielen, seine Interessen, wenn nötig, hintanzustellen. Nun kann der Fall eintreten, dass der Vatersohn einen Prioritätsanspruch hat, eine Aussicht auf einen „Segen“, der in der profanen Welt einer gesellschaftlichen Auszeichnung entsprechen mag. In diesem Fall hätte der Muttersohn, wenn er diese Auszeichnung für sich möchte, keine Hemmungen, sie dem Vatersohn zu rauben. Er würde in vielen Fällen keine Probleme haben, sie kampflos zu erlangen, da er gegenüber dem Vatersohn die Vaterfigur einnehmen würde und von jenem als Autorität akzeptiert werden würde. Sollte das nicht möglich sein, hilft ihm seine Fähigkeit zu intrigieren, eventuell sogar seine Gewaltbereitschaft, trotzdem ans Ziel zu gelangen.

Esau hatte keine Chance gegen das fast krankhafte Bestreben des Muttersohnes Jakob, der Auserwählte der beiden Brüder zu sein, der Vorfahr des Messias. Jakob fand mit Gott beinahe zu einer Art Vater-Sohn-Beziehung. Gott als Ersatzvater. Nicht nur die Mutter füllte das Vakuum, das der zu wenig geliebte Vater hinterlassen hatte, auch Gott. Nun ist Gott allerdings kein Mensch aus Fleisch und Blut, sondern eine übernatürliche Erscheinung. Die Verbindung zu ihm könnte in diesem Zusammenhang das religiöse Sendungsbewusstsein des Muttersohnes symbolisieren. Viele berühmte Muttersöhne hielten sich in gleicher Weise für auserwählt in irgendeiner Art, unterstützt statt vom Vater von irgendwelchen höheren Gewalten (sei es „Fortune" wie bei Napoleon oder die „Vorsehung" wie bei Hitler). Viele pflegten ein Sendungsbewusstsein, leiteten daraus wiederum das Recht ab, sich den dazugehörigen „Segen" widerrechtlich anzueignen. Sie griffen dazu gern die Prioritätsinhaber mittels Intrigen an. Leichte Opfer in der Hinsicht waren eben gerade die Vatersöhne.

Was man als Esau Effekt bezeichnen könnte (Liegener, Esau und der Hass Gottes - Von der Bibel zum Esau-Effekt, 2015b), dass Vatersöhne in Gefahr sind, von Muttersöhnen um ihren „Segen", allgemeiner um ihren Prioritätsanspruch oder eine andere gesellschaftliche, wissenschaftliche oder religiöse Auszeichnung, gebracht zu werden, stellt sich demnach als eine allgemeine psychologische Erscheinung dar, nicht auf Mythen beschränkt. Dieser Effekt trat oft in der menschlichen Geschichte auf. Er ist grundlegend, so grundlegend, dass er Eingang in die Mythen fand. Er ist wahrscheinlich sogar wesentlich häufiger anzutreffen als bekannt. Der Grund ist einfach: Bei Gelingen des Betruges nimmt der Betrüger seinen Platz in der Weltgeschichte ein, ohne dass noch ein Hahn danach krähte, wie er dahin kam. Die Muttersöhne gehen einfach zu geschickt vor. Möglicherweise haben die Nachfahren des Muttersohnes Jakob, die Israeliten, den Mythos vom Hass Gottes auf den Vatersohn Esau gerade darum propagiert, weil sie die Ausrottung der Edomiter und Amalekiter, im Mythos Nachfahren Esaus, rechtfertigen wollten. Wenn der Muttersohn erst einmal an der Macht ist, kann er die öffentliche Meinung manipulieren, den Hass auf den Vatersohn lenken.

In Fällen allerdings, wo der Versuch misslingt, kann der Streit hohe Wellen schlagen. Betrachten wir das reale Leben! Da ereignete sich so ein Fall im Streit um die Prioritätsrechte an der Infinitesimalrechnung zwischen Leibniz und Newton. Beide hatten, so der heutige Stand der Forschung, die Infinitesimalrechnung unabhängig voneinander entwickelt. Newton hatte sie ohne Leibniz' Wissen etwas früher entwickelt, aber Leibniz hatte sie als erster publiziert. Die beiden waren also, wenn man so will, Zwillinge, was die Priorität betrifft. Der Muttersohn Newton (wurde von der Großmutter aufgezogen) beschuldigte jedoch den Vatersohn Leibniz (wurde vom Vater unterrichtet) des Plagiats und erreichte dessen Verurteilung durch eine Kommission der Royal Society of London. Der Streit vergiftete auf Jahrzehnte die Atmosphäre zwischen deutschen und englischen Mathematikern. Der „Segen", um den es hier ging, war die Priorität der Entdeckung, eine wissenschaftliche Auszeichnung. Das war übrigens nicht der einzige Fall, in dem der Muttersohn Newton einem Vatersohn seine Priorität streitig machte. Er war auch in eine Plagiatsauseinandersetzung mit dem Vatersohn Robert Hooke (wurde größtenteils von seinem Vater erzogen) verwickelt, in deren Verlauf er einräumen musste, von jenem auf die richtige Spur bei der Entdeckung des Gravitationsgesetzes gebracht worden zu sein. Das alles ändert natürlich nichts daran, dass Newton ein Genie war.

Glücklicherweise drohte unter Wissenschaftlern selten Gefahr für Leib und Leben (außer in der Inquisition). Unter Politikern war das anders. Es blieb nicht bei einer Aushebelung des Vatersohnes Marcus Antonius (erzogen hauptsächlich vom Stiefvater) durch den Muttersohn Octavian (erzogen von Mutter und Großmutter), sondern die Sache endete erst mit der völligen Vernichtung des Vatersohnes. Antonius war der ältere der beiden und er wurde eigentlich als Nachfolger Caesars gehandelt. Er konnte eine gewisse Priorität beanspruchen. Octavian verbündete sich zunächst mit ihm. Erst später brach dann der Zwist aus, der offene Kampf um die Macht in Rom, ein Bürgerkrieg, in dessen Verlauf Octavian Antonius mit großem politischen und militärischen Geschick ausmanövrierte und vernichtend schlug. Antonius blieb nur der Selbstmord. Octavian fiel als Preis die Herrschaft über das Römische Reich zu. Damit nicht genug: Er erreichte nach dessen Tod die „Damnatio Memoriae" Mark Antons, die Verdammung des Andenkens des Vatersohnes, deklarierte ihn damit zum Objekt des Hasses, sein Geburtstag wurde zum Unglückstag erklärt. Octavian kostete seinen Sieg weiter aus, errichtete eine Autokratie und ließ sich den Ehrentitel „Augustus", der Erhabene, verleihen, eine nicht gerade geringe gesellschaftliche Auszeichnung, die höchste seiner Zeit.

Eine „Damnatio Memoriae" widerfuhr auch Leo Trotzki (wohl ein Vatersohn, da er schon früh sein Elternhaus verlassen musste und von Lehrern einer deutsch-lutherischen Schule in einer anderen Stadt erzogen wurde, mutterfern und mit männlichen Bezugspersonen). Er war einer der führenden Köpfe der russischen Revolution, arbeitete schon seit 1902 mit Lenin zusammen, leitete die Oktoberrevolution. Stalin (Pilgrim beschrieb ihn als Muttersohn) spielte bei der Oktoberrevolution keine große Rolle, gewann aber als Generalsekretär des Zentralkomitees der kommunistischen Partei an Macht. Er setzte sich im Machtkampf gegen Trotzki durch, zwang ihn ins Exil und ließ ihn später ermorden. Sein Preis war die Rolle des Diktators in der Sowjetunion, Trotzkis Andenken wurde verleugnet.

Hitler, von Pilgrim als Paradebeispiel eines Muttersohnes angeführt, manövrierte Franz von Papen aus, der seinerseits ein Vatersohn war: Letzterer eiferte als Kind seinem Vater nach, wollte Soldat werden wie er, ging früh auf eine Kadettenschule, wurde dort von Soldaten erzogen, wurde somit ein Normerfüller, ein typischer Vatersohn. Von Papen war der vorherige Reichskanzler und schlug 1933 Hitler als nächsten Reichkanzler vor, wobei er sich der Illusion hingab, Hitler kontrollieren zu können. Er äußerte sich so: „In zwei Monaten haben wir Hitler in die Ecke gedrückt, dass er quietscht!" (von Kleist-Schmenzin, 1959). Da sollte er sich geirrt haben. Nicht Hitler, sondern er selbst war am Ende der Übertölpelte. Er wurde einfach zur Seite geschoben und entmachtet. Der Vatersohn von Papen überstand diese Situation jedoch, indem er sich dem Muttersohn Hitler unterordnete und einer seiner Handlanger wurde. Vatersöhne können das, sie sind Teamplayer. Einmal im Machtkampf unterlegen, ordnen sie sich neu im Team ein, machen sich dort nützlich, funktionieren. Hitler hatte durch von Papens Vorschlag nicht nur den „Segen" der Reichskanzlerschaft von ihm übernommen, man könnte sagen, erschlichen, sondern auch den entscheidenden Schritt zur Machtergreifung in Deutschland getan.

Daraus erkennt man: Es muss nicht zu einer Konfrontation beim Esau-Effekt kommen, wenn sich der Vatersohn dem Muttersohn unterwirft. So kann er der Vernichtung entgehen. Eine Symbiose entsteht. Der Intellektuelle und Vatersohn Zhou Enlai (wurde von Großvater und Onkel erzogen) ordnete sich von Anfang an und stets loyal dem Machtmenschen Mao Zedong unter (von Pilgrim als Muttersohn eingestuft) und machte sich nützlich. So durfte er sämtliche Säuberungen überleben. Die gesellschaftliche Auszeichnung, die führende Rolle in der Volksrepublik China zu spielen, erhielt allerdings Mao allein. Der Muttersohn hält sich gern Vatersöhne als Nützlinge, achtet aber darauf, dass sie nicht zu mächtig werden. Er teilt seine Macht nicht.

Das Problematische bei Jakob und vielen weiteren Muttersöhnen ist, dass ihre Ziele hoch sind, über das Irdische hinausgehen können, dass sie Opfer zu rechtfertigen scheinen. Es ging Jakob um Gottes Segen, um die Linie des Messias. Bei anderen geht es um das Wohl des Landes, des Volkes oder andere hehre Ideale. Das ist die Ambivalenz bei den Muttersöhnen: Sie wollen Großes, in ihren Augen Gutes. Ob sie zu Helden oder Schurken werden, hängt nur davon ab, ob sie in der Erreichung ihrer Ziele erfolgreich sind. Nach den eingesetzten Mitteln fragt dann keiner mehr. Manche handeln leider nach dem verführerischen Motto, dass der Zweck die Mittel heiligt. Nur: Wer dürfte wagen zu beurteilen, ob so etwas im Einzelfall gerechtfertigt ist. Muttersöhne neigen dazu, sich ein solches Urteilsvermögen anzumaßen.

Ein Ideal gegen ein anderes abzuwägen ist eine Aufgabe, die die Ethik nicht oder nur sehr selten leisten kann. Wenn ein ethischer Imperativ einem anderen entgegensteht, kann man nur verlieren. Wie man auch handelt, es ist falsch. Das ist von der katastrophalen Peripetie der alten griechischen Tragödie her bekannt. Gerät man in eine solche Situation, ist das Schicksal. Eine kognitive Dissonanz tritt ein. Im schlimmsten Fall bleibt nur, die Niederlage vor dem Schicksal einzugestehen, zuzugeben, dass man falsch handelt, wie auch immer man handelt. Erst diese Erkenntnis und das Sich-Eingestehen des eigenen Scheiterns wirft einen auf seine bloße Existenz zurück. Von da ab kann man Buße tun, es kann die Katharsis beginnen. Am besten, man versucht, solche Situationen vorausschauend zu meiden. Leider ist das nicht immer möglich.

Der Muttersohn tut das Gegenteil: Er sucht die Auseinandersetzung, will die Durchsetzung seiner Ideale gegen andere. Allerdings sucht er nicht die sachliche Auseinandersetzung, sondern ist bei der Wahl seiner Mittel nicht wählerisch und glaubt sie in seiner Situation rücksichtslos einsetzen zu dürfen. Er ist felsenfest überzeugt davon, im Recht zu sein, lässt keinen Zweifel zu, dass seine Ideale die richtigen, die wichtigeren sind.

David, Salomo, Moses, Isaak, Johannes der Täufer

Es gibt weitere Muttersöhne in der Bibel, die alle Gott nahe standen. Nehmen wir z.B. Salomo. Schon sein Vater David wurde von Pilgrim als Muttersohn eingestuft (Pilgrim, Muttersöhne, 1986, S.209). Davids Verhalten im Folgenden entspricht dem. Salomos Mutter Bath-Seba war ursprünglich mit Uria verheiratet. Uria musste im Krieg an die Front. Diese Gelegenheit nutzte König David, um Bath-Seba zu verführen. Als diese schwanger wurde, holte David Uria von der Front zurück, damit er mit Bath-Seba schliefe und als Vater hätte gelten können. Das klappte nicht. Daraufhin ließ David Uria töten. Es ist dies die Geschichte um den sprichwörtlichen Uriasbrief, einen Brief, der den Überbringer (Urias) zum Tode verurteilte: Der Feldherr sollte ihn an eine besonders gefährdete Stelle in der Schlacht stellen, damit er dort umkäme. So geschah es und David konnte Bath-Seba zu einer seiner Frauen machen. Zur Strafe für sein Vergehen nahm Gott David den Sohn, den er mit Bath-Seba gezeugt hatte. Danach verzieh er ihm und David durfte mit Bath-Seba wieder einen Sohn zeugen: Salomo. Salomo wurde zur Erziehung an den Propheten Nathan übergeben.

Die Situation war demnach so, dass Nathan und Bath-Seba, die, wie sich später zeigte, in dieser Sache Verbündete waren, die eigentlichen Bezugspersonen für Salomo in dessen Kindheit waren, nicht aber der Vater David, der als König dauernd mit Kriegen beschäftigt war und kaum Zeit für den Sohn gehabt hätte. Nathan hatte seinerzeit David für sein Vergehen getadelt und Bath-Seba war, zusammen mit ihren ersten Mann Uria, Leidtragende jenes Unrechts gewesen. Es hätte durchaus gemeinsame Animositäten der beiden gegen den Vater David geben können, die in die Erziehung des Sohnes eingeflossen sein könnten.

Das sind Voraussetzungen für die Entwicklung eines vaterfernen Sohnes, eventuell sogar eines Muttersohnes. Muttersöhne können ihre Männlichkeit nicht normal entwickeln. Sie leben manchmal asexuell, manchmal in gestörten Ehen, manchmal bauen sie künstlich eine übertriebene Männlichkeit auf. Salomo hatte 700 Frauen und 300 Mätressen. Das spricht für sich.

Als David schon sehr alt war und einer von Salomos älteren Halbbrüdern, Adonia, sich anschickte, die Herrschaft zu übernehmen, entfaltete das Bündnis von Nathan und Bath-Seba Wirkung. Auf Nathans Rat erinnerte Bath-Seba David an ein Versprechen, das er ihr angeblich gegeben hatte, nämlich, dass er Salomo zu seinem Nachfolger bestimmen würde. Das Versprechen war vorher im Text nie erwähnt worden und es kann sein, dass Nathan es erfunden hatte, um den senilen König zu übertölpeln. Während Bath-Seba noch mit dem König sprach, kam Nathan hinzu und unterstützte sie. Der Plan gelang: David entmachtete Adonia und Salomo wurde später König. Er sicherte seine Macht, indem er Adonia hinrichten ließ. Dessen Heerführer Joab ließ er sogar vor dem Altar der Stiftshütte töten, wo dieser Asyl gesucht hatte. Ein Sakrileg. Parallelen zur Esau-Geschichte fallen auf: In beiden Fällen raubte der Muttersohn mit Hilfe der Mutter die dem Älteren zustehende Stellung. Handelt es sich auch hier um den Esau-Effekt? Schwer zu sagen, da wir nicht wissen, ob Adonia ein Vatersohn war.

Wie Jakob hatte auch Salomo Kontakt zu Gott, der ihm einen Wunsch gewährte. Salomo wählte Weisheit. Das ist ein weiteres Beispiel dafür, dass Muttersöhne in der Bibel durch ihre Erziehung dafür prädestiniert sind, Gott zu suchen und Kontakt zu Gott zu haben.

Der Nächste in der Reihe ist Moses. Moses wurde als Baby ausgesetzt, weil die Ägypter zu der Zeit alle neugeborenen Jungen der Hebräer töteten. Die Tochter des Pharao fand ihn und wurde von Moses' Schwester, die den Ausgesetzten aus einem Versteck überwacht hatte, überredet, das Baby einer hebräischen Amme zu übergeben. Diese Stelle bekam, ohne dass jemand ihre Identität kannte, Moses' wahre Mutter, so dass er von ihr aufgezogen wurde. Wie bei Jakob gilt, dass der fehlende Vater durch Gott ersetzt wurde. Moses kommunizierte regelmäßig mit Gott wie mit einem Vater, wurde von ihm angeleitet und geschützt.

Bei Moses tritt auch das Zerstörerische eines Muttersohns zum Teil in Erscheinung. Es wird in der Auseinandersetzung mit dem Pharao entfesselt, in der es darum geht, dass der Pharao gezwungen werden soll, die Israeliten aus Ägypten ausziehen zu lassen, wo sie als Sklaven dienten. Zwar zerstört Moses nicht selbst, aber er vertritt vor dem Pharao die von Gott gestellten Ultimaten und ist so mitverantwortlich für die zehn Plagen. Die letzte ist die schlimmste: Die Ermordung unschuldiger Kinder, der Erstgeborenen des ganzen Landes. Diese Greueltat ging zwar von Gott aus, aber Moses war es, der als Gottes Bote damit drohte.

Hier haben wir die katastrophale Vermischung von Zerstörerischem und Gottesgesandtschaft im Muttersohn. Die Greueltaten werden als gerechtfertigt angesehen, weil höhere Ziele auf dem Spiel stehen. Die Gefahr einer solchen Katastrophe entfällt natürlich, sobald von einem liebenden Gott die Rede ist wie bei Jesus.

Das waren einige eindeutige Fälle von Muttersöhnen in der Bibel. Es gibt weitere, bei denen der Fall nicht ganz so klar ist. In manchen Fällen lässt sich eine Vaterferne vermuten, weil die Väter und Mütter schon so alt waren, dass die Geburt nur durch Gottes Hilfe zustande kam, wie z.B. bei Isaak und Johannes dem Täufer. Die Eltern hätten nicht mit ihren Kindern herumtollen können. Ob sie sich dadurch zu Muttersöhnen entwickelten, sagt die Erzählung nicht. Überliefert ist jedoch, dass sie einen Draht zu Gott hatten. Wer Muttersohn ist, hat gute Chancen, Gott nahe zu sein. Von anderen Gestalten in der Bibel, die Gott nahe waren, wissen wir zu wenig über ihre Kindheit, um sagen zu können, ob sie Muttersöhne waren. Pilgrim hält die Gegebenheiten der damaligen Kultur jedenfalls für geeignet (Pilgrim, Muttersöhne, 1986, S. 195):

„Jesus ist hervorgegangen aus einer muttersohnproduzierenden Phase der Sesshaftigkeit der alten Juden."

Die Wahrscheinlichkeit, dass die meisten, wenn nicht alle Propheten und Mittler Gottes in der Bibel als Muttersöhne gemeint waren, ist daher gar nicht mal so gering..

Die Engel

Engel tauchen in der Bibel häufig auf. Ursprünglich und der Bedeutung des Wortes nach sind sie Boten Gottes. Sie treten jedoch in der Apokalypse auch als Weltzerstörer in Gottes Namen auf. Mal männlich, mal weiblich attribuiert, werden sie im Mittelalter in der Angelologie, der „Engelskunde", zu geschlechtslosen Wesen. Das wurde wohl als Ausdruck makelloser Reinheit verstanden in einer Zeit, in der Sexualität zunehmend verteufelt wurde. Dementsprechend wirken Engel in künstlerischen Darstellungen jener Zeit ausgesprochen androgyn. Ein androgynes Äußeres ist nach Pilgrim bei vielen Muttersöhnen zu beobachten, kann geradezu als Erkennungszeichen dienen, ist ein Ausdruck des in Muttersöhnen tobenden Kampfes zwischen weiblichem Vorbild und männlicher Maske. Auch das Zerstörerische würde in das Bild des Muttersohnes passen. Androgyne Weltzerstörer erinnern fatal an Muttersöhne. Wie ist das möglich? Engel sind keine Muttersöhne: Sie sind keine Menschen, keine Söhne, sie wurden als fertig geschaffen gedacht, haben der Theorie nach keine Erziehung hinter sich. Zunächst könnte man auf den Gedanken kommen, dass die muttersohnähnlichen Eigenschaften der Engel Projektionen der Schöpfer der Angelologie waren, dass jene Gelehrten Muttersöhne waren und sich ihre Ideale schufen. Darauf konnte ich jedoch keine Hinweise finden.

Tatsächlich sind die Eigenschaften der Engel nicht der Phantasie Einzelner entsprungen. Engel sind nach C. G. Jung archetypische Symbole, die die Vermittlung zwischen göttlicher und menschlicher Existenz darstellen sollen. Somit sind ihre Eigenschaften tief im kollektiven Unbewussten verankert. Das bestärkt die Beobachtung, dass wir die Vermittlung zwischen Göttlichem und Menschlichen von muttersohnähnlichen Wesen erwarten. Das Bild des Engels ist phylogenetisch entstanden. Es wäre möglich, dass die Rolle des Vermittlers zum Göttlichen immer schon Muttersöhnen vorbehalten war. Dann ist es kein Wunder, dass es in der Bibel von ihnen nur so wimmelt. Die Bibelschreiber mussten jene Gestalten unbewusst so konstruiert haben.

Jesus

Pilgrim stufte auch Jesus als Muttersohn ein. Trotzdem scheint hier auf den ersten Blick kein Esau-Effekt aufzutreten – im Gegenteil: Jesus praktizierte Nächstenliebe. Stimmt überhaupt die Aussage, Jesus sei ein Muttersohn gewesen?

Eine Schlüsselszene ist die Auffindung der zwölfjährigen Jesus im Tempel (Lukas 2, 41-51):

„Und seine Eltern gingen alle Jahre gen Jerusalem auf das Osterfest. Und da er zwölf Jahre alt war, gingen sie hinauf gen

Jerusalem nach der Gewohnheit des Festes. Und da die Tage vollendet waren und sie wieder nach Hause gingen, blieb das Kind Jesus zu Jerusalem, und seine Eltern wussten's nicht. Sie meinten aber, er wäre unter den Gefährten, und kamen eine Tagereise weit und suchten ihn unter den Freunden und Bekannten. Und da sie ihn nicht fanden, gingen sie wiederum gen Jerusalem und suchten ihn.

Und es begab sich, nach drei Tagen fanden sie ihn im Tempel sitzen mitten unter den Lehrern, wie er ihnen zuhörte und sie fragte. Und alle, die ihm zuhörten, verwunderten sich seines Verstandes und seiner Antworten. Und da sie ihn sahen, entsetzten sie sich. Seine Mutter aber sprach zu ihm: ‚Mein Sohn, warum hast du uns das getan? Siehe, dein Vater und ich haben dich mit Schmerzen gesucht.' Und er sprach zu ihnen: ‚Was ist's, dass ihr mich gesucht habt? Wisset ihr nicht, dass ich sein muss in dem, das meines Vaters ist?' Und sie verstanden das Wort nicht, das er mit ihnen redete. Und er ging mit ihnen hinab und kam gen Nazareth und war ihnen untertan."

Zunächst fällt auf, dass Maria und Josef während der ganzen Feiertage und einen Tag danach Jesu Abwesenheit nicht bemerkten. Und das bei einem zwölfjährigen Jungen! Daraus kann man schließen, dass Jesus schon in diesem Alter seine eigenen Wege ging. Auf eine enge Bindung zu seinen Eltern weist das nicht gerade hin. Bezeichnenderweise wird Jesus durch seine Mutter angesprochen, nicht durch seinen Ziehvater Josef. Josef wird von Maria als Jesu „Vater" bezeichnet, nicht von Jesus selbst; der redet von seinem himmlischen Vater. Man könnte das für eine Respektlosigkeit halten, aber es ist erst der Anfang einer Entwicklung, die sich noch verstärken sollte. Noch ist Jesus seinen Eltern „untertan".

Josef bleibt in den Evangelien auf eine merkwürdige Weise im Hintergrund. Während Jesu Mutter, ja sogar seine Halbbrüder immer wieder in den Erzählungen auftauchen, ist von ihm kaum noch die Rede. (Im Markusevangelium taucht er überhaupt nicht auf.) Was war da los? Er war wohl einfach unwichtig für Jesu Entwicklung. Das muss nicht abwertend gemeint sein. Er könnte ein braver Handwerker gewesen sein, der den ganzen Tag bis zum Umfallen arbeiten musste, um die Familie zu ernähren, und dabei keine Zeit für seinen Ziehsohn hatte. Oder war er vielleicht gestorben? Auch diese Hypothese gibt es. In obiger Szene scheint er immerhin noch gelebt zu haben. Genaueres über Josefs Rolle in Jesu Erziehung erfahren wir nicht. Alles deutet jedoch darauf hin, dass Josef bei Jesu Erziehung keine wesentliche Rolle spielte, dass Jesus vaterfern aufwuchs. Wenn er überhaupt eine Beziehung zu einem Elternteil hatte, dann zu seiner Mutter. Zu ihr hielt er auch noch Kontakt, als er sich schon als Gottes Sohn offenbart hatte. Ihr galten seine Sorgen noch am Kreuz (Johannes 19,26):

„Da nun Jesus seine Mutter sah und den Jünger dabeistehen, den er liebhatte (Johannes), spricht er zu seiner Mutter: ‚Weib, siehe, das ist dein Sohn!‘ Danach spricht er zu dem Jünger: ‚Siehe, das ist deine Mutter!‘ Und von der Stunde an nahm sie der Jünger zu sich.“

Jesus sprach sie ein letztes Mal an und sorgte für ihre Zukunft, indem er sie Johannes anvertraute. Man kann wohl Pilgrims Einstufung Jesu als Muttersohn zustimmen.

Dazu passen würde auch, dass ihm das Eingehen einer Partnerschaft als Mann mit einer Frau schwergefallen zu sein scheint. Die Bibel erwähnt nichts von einer Ehefrau, offenbar sollte er als unverheiratet gelten, die historische Situation ist umstritten. Nicht funktionierende Partnerschaften sind ein oft beobachtetes Phänomen bei Muttersöhnen. Desungeachtet fiel Jesus auch in der Bibel ein nicht-bindender Umgang mit Frauen leicht und er hatte viele Frauen unter seinen Anhängern; sie zählten zu seinen treuesten.

Gab es wirklich keinen Esau-Effekt bei Jesus? Die Vater-Sohn-Beziehung zu Gott wäre schon so etwas wie ein Segen, den der Muttersohn an sich gebracht hätte. Nur hat er sie anscheinend nicht geraubt. Wem auch? Keiner sonst hatte diesen Anspruch erhoben. Aber nimmt Jesus wirklich niemandem etwas weg? Wie ist es mit Josef? Er hatte die Pflegevaterschaft Jesu übernommen. Er hätte wohl als Dank verdient, in irgendeiner Weise als Vater anerkannt zu werden. Man könnte sich auf den Standpunkt stellen, dass ihm etwas, wenn nicht weggenommen, so doch vorenthalten wurde. Ihm wurde die Sohnesliebe verweigert. War Josef das Opfer eines Esau-Effektes? Dazu würde gehören, dass Josef ein Vatersohn gewesen wäre. War es so? Es ist fast nichts über ihn bekannt. Hier spricht aber seine Handlungsweise für ihn (Matthäus 1, 18-24):

„Die Geburt Christi war aber also getan. Als Maria, seine Mutter, dem Joseph vertraut war, fand sich's, ehe er sie heimholte, dass sie schwanger war von dem heiligen Geist. Joseph aber, ihr Mann, war fromm und wollte sie nicht in Schande bringen, gedachte aber, sie heimlich zu verlassen.

Indem er aber also gedachte, siehe, da erschien ihm ein Engel des HERRN im Traum und sprach: ‚Joseph, du Sohn Davids, fürchte dich nicht, Maria, dein Gemahl, zu dir zu nehmen; denn das in ihr geboren ist, das ist von dem heiligen Geist. Und sie wird einen Sohn gebären, des Namen sollst du Jesus heißen; denn er wird sein Volk selig machen von ihren Sünden. Das ist aber alles geschehen, auf dass erfüllt würde, was der HERR durch den Propheten gesagt hat, der da spricht: "Siehe, eine Jungfrau wird schwanger sein und einen Sohn gebären, und sie werden seinen Namen Immanuel heißen", das ist verdolmetscht: Gott mit uns.‘

Da nun Joseph vom Schlaf erwachte, tat er, wie ihm des HERRN Engel befohlen hatte, und nahm sein Gemahl zu sich. Und er erkannte sie nicht, bis sie ihren ersten Sohn gebar; und hieß seinen Namen Jesus."

Er benahm sich verantwortungsbewusst und anständig gegenüber Maria und Jesus, ja sogar gutmütiger, als er gemusst hätte. Nicht nur, dass er trotz der rätselhaften Zeugung Jesu das Verlöbnis mit Maria aufrechterhielt, er nahm Jesus sogar als Sohn an. Er war ein verlässlicher Partner. Das entspricht alles dem Profil eines Vatersohnes.

Der Esau-Effekt – man kann dann wohl auch in diesem Fall davon sprechen – führte also dazu, dass Jesus seinem Ziehvater dessen Rolle nicht zugestand. Er fühlte sich schon mit zwölf Jahren als Gottes Sohn. Einige Zeit später hat ihn dann auch Gott öffentlich so bezeichnet (Markus 1, 9-11):

„Und es begab sich zu der Zeit, dass Jesus aus Galiläa von Nazareth kam und ließ sich taufen von Johannes im Jordan. Und alsbald stieg er aus dem Wasser und sah, dass sich der Himmel auftat, und den Geist gleich wie eine Taube herabkommen auf ihn. Und da geschah eine Stimme vom Himmel: ‚Du bist mein lieber Sohn, an dem ich Wohlgefallen habe.'"

Wie Jakob und Moses wird er ursprünglich Gott als eine Vaterfigur betrachtet haben, bis eben an diesem Tage aller Welt verkündet wurde, dass Gott nicht nur wie ein Vater für ihn fungierte, sondern sein Vater selbst war. Jesus muss das schon vorher gewusst haben, wie seine Aussage als Zwölfjähriger im Tempel zeigt. Dass Muttersöhne einen vaterähnlichen Ersatz für ihren eigenen Vater suchen, hatte schon Pilgrim erwähnt (Pilgrim, 1986, S. 197):

„Vatersehnsucht, Vaterliebe, Vatersuche sind Qualitäten von Muttersöhnen: Napoleon verehrte den alten europäischen Adel und die Glorie Frankreichs; Stalin pries die kommunistische Partei und die zaristische Zentrierung auf ein Oberhaupt hin, das er später selbst war; Hitler rühmte den preußisch-deutschen Staat. Vatersehnsucht manifestiert sich am deutlichsten in der Selbsterhöhung eines Sohnes als Vater."

Hier haben wir allerdings ein explizites Eingreifen Gottes, eine öffentliche Verkündigung des Vater-Sohn-Verhältnisses. Das findet nicht nur in Jesu Psyche statt, sondern vor den Augen der Welt. So jedenfalls die Bibeldarstellung. In so einer Situation muss die am Menschen orientierte Psychologie versagen. Dieses Phänomen ist verstandesmäßig nicht mehr zugänglich Es ist entweder nur mit dem Glauben zu fassen, oder wird eben nicht geglaubt und als Erfindung abgetan. Die psychologischen Betrachtungsweisen können jedenfalls nur auf den menschlichen Aspekt Jesu angewendet werden, nicht aber auf seine wechselseitige Beziehung zu Gott. Aber bis zu jenem Zeitpunkt, wo Gott sich ihm mitteilte, konnten wir Jesus als Menschen verstehen, erst mit der Taufe im Jordan entzieht er sich der menschlichen Betrachtung. Ab da kann seine Entwicklung als abgeschlossen betrachtet werden. Ein Mensch hört nicht auf, sich zu ändern, Jesus und seine Lehre aber blieben konstant, werden zumindest im Allgemeinen so verstanden.

Verfolgen wir aber den Mythos weiter, sehen wir, was die Bibel zu Jesu weiterer Rolle sagt. Wie die Dinge lagen, musste Jesus die Beziehung zu seiner (irdischen) Familie neu definieren. Er konnte und wollte sie nicht mehr als das akzeptieren, was sie ihm ursprünglich war. Aus seiner Sicht war das nicht Undankbarkeit, sondern Notwendigkeit. Er war eben nun offiziell Gottes Sohn. Das ging so weit, dass er seine eigene Mutter verleugnete (Matthäus 12, 46-50):

„Da er noch also zu dem Volk redete, siehe, da standen seine Mutter und seine Brüder draußen, die wollten mit ihm reden. Da sprach einer zu ihm: ‚Siehe, deine Mutter und deine Brüder stehen draußen und wollen mit dir reden.' Er antwortete aber und sprach zu dem, der es ihm ansagte: ‚Wer ist meine Mutter, und wer sind meine Brüder?' Und er reckte die Hand aus über seine Jünger und sprach: ‚Siehe da, das ist meine Mutter und meine Brüder! Denn wer den Willen tut meines Vaters im Himmel, der ist mein Bruder, Schwester und Mutter.'"

Das ist hart. Aber Jesus ging noch weiter: Er machte diese Einstellung zum Programm, zum Teil seiner Lehre, verlangte das Gleiche von seinen Jüngern (Matthäus 10, 37-39):

„Wer Vater oder Mutter mehr liebt denn mich, der ist mein nicht wert; und wer Sohn oder Tochter mehr liebt denn mich, der ist mein nicht wert. Und wer nicht sein Kreuz auf sich nimmt und folgt mir nach, der ist mein nicht wert. Wer sein Leben findet, der wird's verlieren; und wer sein Leben verliert um meinetwillen, der wird's finden."

Diese Äußerungen sagen nichts mehr über seine Beziehung zu seiner Mutter während seiner Kindheit aus, sondern nur noch etwas über die Lehre, die er zu jenem späteren Zeitpunkt vertritt. Er hatte sich vom Muttersohn zum Gottessohn gewandelt. Die drastische Familienfeindlichkeit ist trotzdem bemerkenswert, z.B. in Lukas 14, 26-27:

„So jemand zu mir kommt und hasst nicht seinen Vater, Mutter, Weib, Kinder, Brüder, Schwestern, auch dazu sein eigen Leben, der kann nicht mein Jünger sein. Und wer nicht sein Kreuz trägt und mir nachfolgt, der kann nicht mein Jünger sein."

Man soll sein eigenes Leben hassen? Nach der heutigen Psychologie wäre das höchst ungesund. Vielleicht spielt Jesus auf die Erbschuld an. Nur entstand die Lehre von der Erbschuld erst viel später. Aber selbst wenn Jesus diese Lehre vorausgesehen hätte, so hätte ja dann die Erlösung von der Erbschuld durch Jesu Opfertod dicht bevorgestanden. Dann hätte Jesus sicher darauf hingewiesen, etwa in der Art: „Jetzt müsst ihr euch noch schuldig fühlen und euer Leben hassen, aber bald werdet ihr das nicht mehr tun müssen, weil ich euch davon erlösen werde." Aber so sprach er nicht. Er konstatierte nicht einen Selbsthass der Menschen, er forderte ihn. Der Selbsthass ist andererseits ein Kennzeichen der Muttersöhne, die in ihrer Identität zerrissen sind. Wird hier Jesu Lehre durch seine Psyche beeinflusst? Das sollte nicht sein. Dabei ist es nicht einmal die einzige Stelle, wo Jesus das Zerstörerische eines Muttersohnes durchblicken lässt. Ähnlich ist Matthäus 10, 34-35:

„Ihr sollt nicht wähnen, dass ich gekommen sei, Frieden zu senden auf die Erde. Ich bin nicht gekommen, Frieden zu senden, sondern das Schwert. Denn ich bin gekommen, den Menschen zu erregen gegen seinen Vater und die Tochter gegen ihre Mutter und die Schwiegertochter gegen ihre Schwiegermutter."

Das wiederholt sich sogar in Lukas 12, 51-53:

„Meinet ihr, dass ich hergekommen bin, Frieden zu bringen auf Erden? Ich sage: Nein, sondern Zwietracht. Denn von nun an werden fünf in einem Hause uneins sein, drei wider zwei, und zwei wider drei. Es wird sein der Vater wider den Sohn, und der Sohn wider den Vater; die Mutter wider die Tochter, und die Tochter wider die Mutter; die Schwiegermutter wider die Schwiegertochter, und die Schwiegertochter wider die Schwiegermutter."

Bei Jesu Geburt hörte sich das noch anders an (Lukas 2, 13-14):

„Und alsbald war da bei dem Engel die Menge der himmlischen Heerscharen, die lobten Gott und sprachen: Ehre sei Gott in der Höhe und Frieden auf Erden und den Menschen ein Wohlgefallen."

Auch später wird Jesus als Friedensbringer dargestellt (Epheser 2, 14-17):

„Denn er ist unser Friede, der aus beiden eines hat gemacht und hat abgebrochen den Zaun, der dazwischen war, indem er durch sein Fleisch wegnahm die Feindschaft, nämlich das Gesetz, so in Geboten gestellt war, auf dass er aus zweien einen neuen Menschen in ihm selber schüfe und Frieden machte, und dass er beide versöhnte mit Gott in einem Leibe durch das Kreuz und hat die Feindschaft getötet durch sich selbst. Und er ist gekommen, hat verkündigt im Evangelium den Frieden euch, die ihr ferne waret, und denen, die nahe waren."

Die Frage scheint zu sein, was gilt: das, was Jesus selbst in den Mund gelegt wurde, oder das, was im Mythos von anderen über ihn gesagt wurde?

Dass Jesus seine Anhänger dazu aufforderte, ihre Familien zu verleugnen, wie er es getan hat, kann auf zweierlei Weise verstanden werden. Zum einen aus seiner vaterfernen, wenn nicht sogar elternfernen Kindheit; zum anderen aus der Forderung nach Absolutheit des Glaubens als Teil seiner Lehre. Die Aufgabe aller menschlichen Bindungen soll demnach der Preis für die Nähe zu Gott sein.

Die zweite Erklärung ist brüchig, da das Judentum, in dem er ja verwurzelt war, die Familie sehr hoch schätzte. Hier entstünde ein Widerspruch, der nur durch die erste Erklärung, die individuelle, beseitigt werden kann. Damit steht aber der Gläubige, der Jesu Wort bedingungslos annimmt, vor einem Problem. Seine kulturelle Identität verlangt beides von ihm: die Familie zu lieben und Jesus nachzufolgen. Es gelingt ihm, mit diesem Widerspruch zu leben, indem er darauf verzichtet, hundertprozentiger Nachfolger Christi zu werden. Er bastelt sich eine Philosophie des Machbaren, die er durch seine menschliche Unvollkommenheit zu rechtfertigen versucht. Die Inhalte verschwimmen mit der Zeit, er selektiert unbewusst, was er in welchem Umfang für wichtig nimmt. Der Glaube des Laien gehört in vielen Fällen zu dem, was die Psychologen implizites Wissen nennen: Man hat das unbestimmte Gefühl, das Richtige zu glauben, erinnert sich auch an einige Glaubensinhalte, kann aber das gesamte theologische Gebäude nicht explizieren. Theologen sind sich der Schwierigkeiten bewusster. Wahrscheinlich fechten sie einen lebenslangen Kampf um den rechten Glauben aus. Tröstlich, dass es sich bei der Bibel teilweise um einen Mythos handelt und nicht um eine Sammlung von Dogmen.

Zentrales Thema des Neuen Testaments ist die Kreuzigung, der Opfertod Jesu zur Erlösung der Menschheit. Wie perfekt sich dieses weltbewegende Ereignis in die Psychologie Jesu einfügt! Der Muttersohn neigt zur Selbstzerstörung, er setzt seine idealistischen Ziele höher als alles andere, auch als sein

Leben - er ist bereit, es zu opfern. Das ist so schlüssig, dass man schon aus diesem Grunde geneigt wäre, diesen Teil der Bibel als Tatsachenbericht aufzufassen. Und so ist es auch. Selbst außerbiblische Zeugnisse, z.B. von Flavius Josephus (Josephus, 1985), belegen die historische Faktizität der Kreuzigung Jesu.

Muttersöhne in anderen frühen Mythen

Der Muttersohn als Mittler zwischen Gott und Mensch

Die Rolle der Muttersöhne, wie sie sich in der Bibel darstellt, hat Parallelen in anderen Urmythen, großenteils unabhängig von der Bibel. Auch dort finden sich Muttersöhne an der Grenze zwischen Göttlichem und Menschlichem. Der akkadisch-sumerische Held Gilgamesch zum Beispiel erinnert mit seiner teils göttlichen, teils menschlichen Natur an Jesus, hinzu kommen Züge wie Despotismus und Ehelosigkeit - nicht schlüssig ein Muttersohn, aber naheliegend. Ein weiteres Beispiel: Nach den chinesischen Annalen der Yin wurde Xie, der legendäre Ahnherr der Shang, dem eine göttliche Abstammung nachgesagt wurde, der aber ein Mensch war, von seiner Mutter empfangen, als diese ein Ei schluckte, das ein von den Göttern gesendeter Vogel hatte fallen lassen. Auch hier eine Jungfrauengeburt. Die Jungfrauengeburt im Mythos weist geradezu zwangsläufig auf einen Muttersohn hin. Xie war der Sohn seiner Mutter, nicht eines Vaters, ein Muttersohn, halb Gott, halb Mensch. Auch er ein Wesen zwischen Göttlichem und Menschlichem.

Aus der mesoamerikanischen Mythologie ist Quetzalcoatl bekannt. Nach dem aztekischen Codex Chimalpopoca wurde Quetzalcoatl, ein Gott des Lichts, von seiner jungfräulichen Mutter empfangen, als jene ein Stück Jade schluckte. Wieder eine Jungfrauengeburt. Er war trotz seiner menschlichen Geburt ein Gott, also ein Gott menschlichen Ursprungs. Er hatte keinen Vater, musste also ein Muttersohn sein. Noch war er kein Herrscher. Die erste Welt wurde von Tezcatlipoca, einem Gott der Dunkelheit, beherrscht. Ein in vielen Mythen vorherrschendes Bild: Die Welt des Anfangs lag im Dunkeln. Tezcatlipoca hatte einen Vater, den Gott Ometeotl; eine Mutter wird nicht erwähnt - somit wäre Tezcatlipoca als Vatersohn zu interpretieren. Der Muttersohn Quetzalcoatl verdrängte dann den Vatersohn Tezcatlipoca aus der Herrschaft - ein Esau-Effekt! Später erschufen beide gemeinsam eine neue Welt mit einem Wechsel von Hell und Dunkel, Tag und Nacht. Trotz des Esau-Effekts ist in diesem Mythos der Muttersohn der Held, ohne den unsere Welt dunkel wäre.

In der ägyptischen Mythologie wurde Osiris von seinem Bruder Seth getötet. Osiris' Sohn Horus wurde von seiner Mutter Isis in einem Versteck aufgezogen und versuchte dann, seinen Vater zu rächen. Horus kämpfte für seinen (ihm unerreichbaren) Vater und wurde dabei von seiner Mutter unterstützt. Vaterferne und Vatersehnsucht: Horus wurde als Muttersohn beschrieben. Die Pharaonen betrachteten sich später als Inkarnationen des Horus. Der Muttersohn bildete die Brücke vom Göttlichen zum Menschlichen.

Merlin, der berühmte Zauberer, wird auch als „Kind ohne Vater" bezeichnet. Er soll aus der Vereinigung einer Nonne königlicher Abstammung mit einem Incubus hervorgegangen sein. Kein Vater, reglementierte Mutter: wahrscheinlich ein Muttersohn. Merlin gilt als ein Vertreter der zu seiner Zeit untergehenden keltischen Kultur, zu deren Gottheiten er Kontakt hatte, wodurch er die Zukunft sehen konnte.

Nach der griechischen Theogonie wurde der spätere Göttervater Zeus von seiner Mutter vor seinem Vater Kronos versteckt, weil jener seine Kinder verschlang. Aufgezogen wurde Zeus im Verborgenen von seiner Großmutter Gaia, die ihn auch im anschließenden Kampf gegen Kronos unterstützte. Er wuchs vaterfern und von Frauen behütet auf. Zeus hatte in diesem Mythos etliche Frauen und Geliebte, auch darin ein typischer Muttersohn. Römische Kaiser ließen sich gern als „Zeus Eleutherios" ansprechen: Zeus, der Befreier. Dieser Gott wurde nicht zufällig gewählt, um einen vergöttlichten Menschen zu bezeichnen. Er nähert sich dem Menschlichen von der anderen, der göttlichen Seite, nicht als ein minderwertiger Gott, sondern als deren höchster, der Göttervater. Auch hier hat der Muttersohn die herrschende Rolle errungen, auch hier ist er schließlich selbst die beispielhafte Vaterfigur geworden.

Die zahlreichen außerehelichen Fehltritte Zeus' hatten Folgen: zahlreiche Nachkommen, um die er sich nur aus dem Hintergrund kümmern konnte, die daher von ihrer Mutter allein aufgezogen werden mussten, die daher anfällig waren, Muttersöhne zu werden. Perseus z.B. war der Sohn des Gottes Zeus und der Danae, einer Menschenfrau. Seinem (menschlichen) Großvater war prophezeit worden, dass sein von Danae geborener Enkel ihn töten würde. Daher sperrte er Danae in einen Keller. Zeus kam dennoch in Form eines Goldregens zu ihr, als sie schlief, und zeugte Perseus. Der Großvater setzte Mutter und Kind in eine Kiste und warf sie ins Meer. Damit begann eine Odyssee von Mutter und Kind, die sie gemeinsam meisterten, was sie zusammenschweißte. Perseus war zwar ein Muttersohn, ein Held, der eine Jungfrau vor einem Ungeheuer rettete, aber nicht ganz typisch: Er führte eine glückliche Ehe und lebte lange. Trotzdem beendete auch er viele Menschenleben, teils zufällig, wie das seines Großvaters, teils absichtlich und das manchmal sogar ohne zwingende Notwendigkeit. Auch ihm fehlten die moralischen Hemmungen. Er war Sohn eines Gottes und einer Menschenfrau, ein Halbgott, stand zwischen Göttlichem und Menschlichem. Da er auch Mensch war, musste er sterben. Da er göttlichen Ursprungs war, wurde er nach seinem Tod als Sternbild an den Himmel versetzt.

Mit der menschlichen Alkmene zeugte Zeus Herakles, als deren Gatte Amphitryon abwesend war. Amphitryon bemerkte den Betrug und wird nicht gut auf Herakles zu sprechen gewesen sein, Alkmene hatte Angst vor Zeus' eifersüchtiger Gattin Hera. Das muss nicht zwangsläufig zu einem Muttersohn führen, aber es kommen weitere Indizien hinzu. So unglaublich es klingt: Herakles entwickelte teilweise feminine Züge. In seiner Zeit bei Omphale trug er Frauenkleider. Auch sexuelle Überaktivität kam hinzu: In seiner Zeit bei Thespios zeugte er in 50 aufeinanderfolgenden Nächten mit 50 verschiedenen Frauen 50 Söhne. Nicht nur erschlug er viele Feinde, sondern unter dem Einfluss eines von Hera geschickten Wahnsinns auch seine derzeitige Frau und ihre gemeinsamen Kinder. Das würde alles zu einem Muttersohn passen. Als Halbgott war er sterblich und war am Ende im Begriff, unter entsetzlichen Schmerzen zu sterben. Doch wurde er von den Göttern im letzten Moment gerettet, unsterblich gemacht und in ihre Gemeinschaft auf dem Olymp aufgenommen: die Apotheose des Muttersohnes.

Mit der Nereide (Nymphe) Maia zeugt Zeus den Hermes. Da in diesem Fall beide Eltern unsterblich waren, war Hermes ein Gott. Aufgezogen wurde er von seiner Mutter in einer Höhle. Schon als Säugling soll er die Lyra erfunden haben, seinem Halbbruder Apoll, auch ein Gott und Sohn des Zeus, Vieh gestohlen haben und ihm als Ersatz eben jene Lyra gegeben haben, auf der Apoll dann so vortrefflich spielte. Er war ein ambivalenter Gott. Einerseits Gott der Kaufleute und Hirten, andererseits Gott der Diebe und Lügner. Vor allem aber war er das, was den Muttersohn zum Archetypen macht: der Götterbote, der Mittler zwischen Göttern und Menschen. In nacharchaischen Darstellungen erscheint er gewöhnlich bartlos. Das weist zu jener Zeit auf ein jugendliches oder androgynes Äußeres hin. Auch Apoll wird zu jener Zeit gern bartlos dargestellt, auch er war ein Muttersohn (als Kind Irrfahrt mit seiner Mutter, als Erwachsener grausame Morde aus nichtigen Gründen). Außerdem wird Hermes oft als Widderträger dargestellt, was, ähnlich wie bei Jesus, symbolisch einen Seelenführer kennzeichnet (Kerényi, 1944). Er bringt nicht nur Botschaften der Götter zu den Menschen, er bringt auch die Menschen nach ihrem Tod zu den Göttern. Er wurde zuweilen mit dem ägyptischen Anubis, dem Totenschiffer, identifiziert. Er war ein Mittler zu den Göttern.

Einer der meistbesungenen Helden der Ilias ist Achill. Er war der Sohn des sterblichen Königs Peleus und der unsterblichen Mutter Thetis. Thetis war eine Nymphe, Göttin zwar, aber niederen Ranges. Peleus hatte sie in einem Kampf besiegt, dabei kam es zur Zeugung Achills. Fast eine Vergewaltigung, aber andererseits dürfte sich der eigentliche Verkehr letztlich doch einvernehmlich entwickelt haben; denn sie heirateten danach. Tief in ihrem Inneren scheint Thetis dennoch unzufrieden mit ihrem Schicksal gewesen zu sein, unterlegene Frau eines Sterblichen zu sein. Hier bahnte sich das Schema an, dass eine unzufriedene Mutter über ihren Sohn einen Ausgleich suchte. Sie versuchte, alles dafür tun, ihren Sohn Achill trotz der Sterblichkeit seines Vaters unsterblich zu machen. So wollte sie ihn mit Nektar einreiben und dann in kochendes Wasser werfen, um ihn unverwundbar zu machen. Glücklicherweise konnte sie durch ihrem Mann davon abgehalten werden. Stattdessen tauchte sie ihn in den Unterweltfluss Styx, wobei sie ihn an der Ferse hielt. Dieser Versuch gelang: Achill wurde unverwundbar bis auf die Ferse. In manchen Varianten des Mythos wurde Achill dann vom Kentauren Cheiron aufgezogen, nicht so in der Ilias. Hier blieb er unter dem Einfluss seiner Mutter, dem er nie wieder entkam. Selbst als erwachsener Mann bat er sie in Notlagen um Hilfe und bekam sie. So wurde Achill ein Muttersohn, halb menschlichen, halb göttlichen Ursprungs, mit einem guten Draht zu den Göttern. Typisch sein androgynes Äußeres, das es ihm ermöglichte, sich als Mädchen zu verkleiden, als er zum trojanischen Krieg geholt werden sollte. Bivalent auch seine Sexualität: Einerseits mit einer Frau (Deidamea) verheiratet und sich Konkubinen haltend, andererseits in einer angedeuteten homoerotischen Liebesbeziehung zu seinem Freund Patroklos. Bezeichnend auch seine Raserei nach dem Tod des Patroklos. Er wütete allein gegen das Heer der Trojaner und tötete so viele von ihnen, dass das Wasser des Flusses Skamander sich vom Blut rot färbte. Er tötete auch den Held der Trojaner, Hektor, und schändete dessen Leichnam, indem er ihn, an seinen Streitwagen gebunden, dreimal um die Stadt Troja schleifte. Ein androgyner Zerstörer ohne Skrupel - ein Muttersohn. Zwar war der Achill des Mythos sterblich und es gibt die Geschichte von seinem Tod durch einen Pfeil in die Ferse; trotzdem wurde er später an mehreren Kultstätten als Gottheit verehrt. Noch ein Muttersohn, der zum Gott wurde.

Muttersohn und göttliches Kind

Der Muttersohn ist der Archetyp des Mittlers zu Gott und ist damit dem Archetyp des Engels zuzuordnen. Er ist gewissermaßen die Inkarnation des Engels, er ordnet dessen Charakteristika eine Entstehungsgeschichte zu, macht ihn dadurch verständlicher. Es ist erstaunlich, mit welcher Treffsicherheit in den Mythen die psychologische Situation erfasst wird. Die Erklärung könnte sein, dass die Menschheit diesen Archetyp so genau darstellen konnte, weil sie ihn genau kannte, weil sie ihm ähnlich war, in ihrer Eigenschaft als Kollektiv. Dazu später mehr.

Jetzt erst einmal gilt es, den Archetyp des Muttersohnes vom Archetyp des göttlichen Kindes abzugrenzen (Jung & Kerenyi, Das göttliche Kind - Eine Einführung in das Wesen der Mythologie; Neuausgabe, 2012). C.G. Jung vertrat die Auffassung, dass die mythologischen Gestalten zeitlos seien. Er bezeichnete Hermes und Apoll als göttliche Kinder. Die von ihren Kindergestalten berichteten Taten sollen seiner Meinung nach die zeitlose Gestalt jener Götter genauer charakterisieren, weniger biographisch verstanden werden.

Das steht nur scheinbar im Widerspruch zur hier vertretenen These, dass die Biographie des Muttersohnes sein Wesen erklären soll. Die Erwähnung der Kindheit des Hermes und Apolls in den Mythen dient beidem: der Darstellung typischer Handlungsweisen der Götter durch ihre kindlichen Gestalten und (!) der Erklärung ihrer Herkunft und ihres Werdegangs, z.B. durch Angabe der Eltern. Die Herkunft dient der Einordnung in die Riege der olympischen Götter, weitere Anekdoten aber auch zur Begründung ihrer Charakteristika, z.B. Apolls Vorliebe für die Lyra. Insbesondere der Muttersohn wird in seiner Kindheit zu dem, was er als Erwachsener ist. Seine Kindheit dient der Erklärung seiner Persönlichkeit. Die Berichte darüber sind nicht als Tatsachenberichte zu verstehen, sondern als exemplarische Hinweise auf eine gewisse psychische Situation.

Man kann allerdings den kindlichen Muttersohn in manchen Mythen als göttliches Kind identifizieren. Beispiel: das Jesuskind, der kindliche Hermes und der kindliche Apoll. Die beiden Archetypen Muttersohn und göttliches Kind überschneiden sich also, sind aber dennoch verschieden.

Die Mater Dolorosa

Der Mensch hat einen Vater und eine Mutter. In den meisten Fällen wird er in unserer Gesellschaft mehr von der Mutter als vom Vater erzogen. Das muss ihn noch nicht zum Muttersohn machen. In der bis vor kurzem gängigen Haushaltssituation war der Vater oft außer Haus tätig, er war dem Kind dann fern. Auch das machte das Kind noch nicht zum Muttersohn. Entscheidend dafür war, dass die Mutter aus einer Situation der Unzufriedenheit heraus den Sohn zum Vollstrecker ihrer Wünsche machen wollte und dadurch in eine Symbiose mit ihm eintrat, die ihn lebenslang an sie band.

Durch die Entfremdung vom Vater pflanzt die Mutter dem Sohn die Sehnsucht nach dem himmlischen Vater einerseits ein, andererseits das Bestreben, selbst ein Übervater zu werden. Sie bringt den Muttersohn auf den Weg zu Gott. Das geht über die Erziehung hinaus, die eine normale Mutter ihrem Sohn mitgibt. Die Mutter des Muttersohnes formt einen Gottesboten, einen Helden. Dieser wird natürlich seiner Berufung folgen, seine Mission in der Welt erfüllen wollen, das ganz Große suchen. Sich um seine Mutter zu kümmern, gehört nicht zu den weltbewegenden Dingen, die ihn beschäftigen. Er ist draußen in der Welt, nicht zu Hause. Nach Hause, zu seiner Mutter, zieht es ihn nur bei Problemen, nur, wenn er ihre Hilfe braucht. Die Mutter des Muttersohnes wird sich darüber nicht beklagen dürfen. Schließlich war es das, worauf sie ihren Sohn vorbereitet hatte. Leider wird sie dennoch Grund zur Klage haben. Es bleibt der Mutter des Muttersohnes nichts anderes übrig, als ihrem selbstzerstörerischen Sohn hilflos aus der Ferne bei seinem Untergang zuzusehen. Das führt zum bekannten Bild der Mater Dolorosa, der schmerzensreichen Mutter, einer Variation des Mutter-Archetyps (Jung, 2011). Maria und Thetis sind Beispiele.

Der Muttersohn in Mythen unserer Zeit

Muttersohnähnliche Kollektive

Das bisher Gesagte betraf einzelne Menschen, einzelne Muttersöhne. Es gibt den Esau-Effekt aber auch bei Kollektiven. Dabei gibt es verschiedene Möglichkeiten, wie bei einem Kollektiv Muttersohnähnlichkeit auftreten kann. Die erste: Ein Kollektiv kann eine muttersohnähnliche Entwicklung durchgemacht haben. Dazu mehr im nächsten Kapitel. Die zweite: Ein Kollektiv kann von einem Muttersohn gegründet oder beeinflusst worden sein. Dazu später in diesem Kapitel. Die dritte: Ein Kollektiv kann mehrheitlich aus Muttersöhnen bestehen. Zunächst zu diesem dritten Fall. Schon Pilgrim hatte in der Parteienlandschaft der Bundesrepublik Deutschland ein derartiges Kollektiv ausmachen zu können geglaubt. Er meinte, eine statistisch relevante Häufung von Vatersöhnen bei den Patriarchen der SPD zu festzustellen, auffällig viele Muttersöhne glaubte er andererseits bei jenen der CDU/CSU zu erkennen. Er identifiziert Sozialdemokraten wie Lasalle, Liebknecht, Bebel, Bernstein und Kautsky als Vatersöhne und ordnet die Unionsspitzen Adenauer, Barschel, Kohl, Strauß und von Weizsäcker als Muttersöhne ein. Also wäre die SPD eine Partei der Vatersöhne, die Unionsparteien CDU und CSU ein Kollektiv der Muttersöhne. Die statistische Relevanz dieser Einzelfälle darf angezweifelt werden, abgesehen davon, dass wir derzeit eine Frau als Bundeskanzlerin haben (Stand 2016). Aber spielen wir die Hypothese weiter durch. Gibt oder gab es einen Esau-Effekt? Die SPD ist die ältere der beiden Parteien, die „Erstgeborene" aller deutschen parlamentarischen Parteien. Hatte sie dadurch ein „Erstgeburtsrecht“ errungen, das die Union ihr streitig zu machen versucht haben könnte? Jakob versuchte zweimal, Esau um Vorteile der Erstgeburt zu bringen, einmal beim Linsengericht, einmal beim Segen. Zwei der drei Kanzler der SPD wurden durch ein konstruktives Misstrauensvotum der Union angegriffen (einmal ohne, einmal mit Erfolg), kein Kanzler der Union durch die SPD. Dann wäre die Regierungsmacht der „Segen“, den die Union an sich zu bringen strebte, was ihr auch einmal gelang. Wie gesagt, nur eine Hypothese, potentiell ein Mythos unserer Zeit, jedenfalls in gewisser Weise amüsant.

Nun zur zweiten Möglichkeit, wie ein muttersohnähnliches Kollektiv entstehen kann: die Gründung oder Beeinflussung durch einen Muttersohn. Jesus, ein Muttersohn, war die Gallionsfigur der nach ihm benannten Religion, des Christentums. Natürlich hatte seine Person nachhaltigen Einfluss auf diese Religionsgemeinschaft. Wie ist es mit solch einer Religionsgemeinschaft eines Muttersohnes? Ist sie muttersohnähnlich? Gibt oder gab es für jenes Kollektiv der Christen etwa auch einen Esau-Effekt? Man könnte tatsächlich so argumentieren. Durch die Kreuzzüge versuchten die Christen, den Muslimen die heiligen Stätten des Christentums zu entreißen, die allerdings in gleicher Weise auch deren heilige Stätten waren. Der Raub eines Segens? Für einen Esau-Effekt braucht man allerdings einen Vatersohn als Opfer. Wie steht es um den Religionsgründer des Islam? Mohammeds Vater starb vor seiner Geburt, nach seiner Geburt war er zwei Jahre bei einer Amme, seine Mutter starb, als er sechs Jahre alt war, dann war Mohammed zwei Jahre bei seinem Großvater. Die Pubertät verbrachte er bei einem Onkel. Das wäre eine Vaterfigur in dieser entscheidenden Phase seines Lebens. So könnte ein Vatersohn im positiven Sinne entstanden sein[1]. Dann hätte die Religionsgemeinschaft eines Muttersohnes versucht, der Religionsgemeinschaft eines Vatersohnes etwas wie einen Segen zu rauben – ein Esau-Effekt.

Aus der unrechtmäßigen Aneignung des Segens folgt eine Schuld des Muttersohnes. Aus dieser und womöglich anderer Segensaneignungen könnte eine spezifisch christliche Erklärung der Erbschuld abgeleitet werden, zusätzlich zu und unabhängig von der evolutionstheoretischen Erklärung des existenziellen Schuldbewusstseins der ganzen Menschheit (Liegener, Erbsünde und Erbschuld – Vom Ursprung unseres existenziellen Schuldbewusstseins, 2015a). Ein anders begründetes Schuldbewusstsein, aber mit jenem koinzidierend.

Nicht bei jedem Muttersohn kommt es zu einem Esau-Effekt und dem Raub eines Segens. Fast immer aber schlummert im Muttersohn der Wunsch, sich irgendeinen „Segen“ anzueignen, und damit das Potenzial, schuldig zu werden, wobei ihn nicht interessiert, wie andere Wertvorstellungen als seine eigenen dazu stehen. Die menschliche Moral erscheint ihm zweitrangig im Vergleich zu seinen Zielen. Selbst Jesus fand nichts dabei, die friedlichen Händler mit Gewalt aus dem Tempel zu vertreiben (Johannes 2, 14):

„Und er fand im Tempel sitzen, die da Ochsen, Schafe und Tauben feil hatten, und die Wechsler. Und er machte eine Geißel aus Stricken und trieb sie alle zum Tempel hinaus samt den Schafen und Ochsen und verschüttete den Wechslern das Geld

---

[1] Hier besteht ein Widerspruch zu Pilgrim, der auch Mohammed als Muttersohn einstufte (Pilgrim, 1986, S.221).

und stieß die Tische um und sprach zu denen, die die Tauben feil hatten: ‚Tragt das von dannen und macht nicht meines Vaters Haus zum Kaufhause!'"

Man würde heute sagen: Er pöbelte herum, randalierte. Damit wurde er schuldig im Sinne der Menschengesetze, es ging um Nötigung, Körperverletzung, Sachbeschädigung etc. Allerdings empfand er selbst keine Schuld, fühlte sich im Recht auf einer höheren Ebene. Diese Berechtigung kann angezweifelt werden. Heute ist sein damaliger Standpunkt nicht mehr ganz up to date. Man will keine Abschottung der Gotteshäuser mehr, stellt den Kirchenraum für profane Anlässe zur Verfügung, versucht, das tägliche Leben in den Gottesdienst zu integrieren. Insofern würde man heute den Wutausbruch als übertrieben ansehen. Je unberechtigter der Anlass, desto größer die Schuld. Der Muttersohn scheint indes die Fähigkeit zu haben, Schuld weitgehend auszublenden. Sie holt ihn dann aber irgendwann ein, wie die Entwicklung der Lehre von der Erbschuld zeigt.

Dass die christliche Religionsgemeinschaft als ein muttersohngeprägtes Kollektiv Züge eines Muttersohnes trägt, spiegelt die Tatsache wider, dass Jesus ein Muttersohn war, der auf die gesamte christliche Religionsgemeinschaft Einfluss hatte. Ein Punkt, der naheliegt und den auch Pilgrim schon erwähnt hatte. Er wies auf eine für die christliche Religionsgemeinschaft bezeichnende Eigenschaft hin, die aus dem Drang des Muttersohnes nach Selbstzerstörung folgen könnte, nämlich, dass sie in großem Ausmaß gegen sich selbst gewütet hat (Pilgrim, Muttersöhne, 1986, S. 203):

„Israeliten und Mohammedaner praktizieren Feindschaft nur gegenüber Fremden, die Christen haben das größte und ausdauerndste Selbstzerfleischungsspektakel inszeniert."

Das ist sehr pointiert ausgedrückt und man könnte Abstriche machen. Zwar könnte hierbei an die Inquisition gedacht werden, die durch ihren Umfang und ihre Systematik hervorsticht. In einem gewissen Maß wurde die Einhaltung der jeweiligen Regeln aber auch von anderen Religionen gefordert und die Nichteinhaltung mit Strafe belegt.

Das Schicksal der Menschheit

Man kann noch weiter gehen und die ganze Menschheit als Kollektiv betrachten. Es gibt merkwürdige Parallelen zwischen der Entwicklung der gesamten Menschheit in ihrer Frühgeschichte und der Entwicklung eines Jungen zum Muttersohn. Dies ist ein Beispiel für den im vorigen Kapitel erwähnten ersten Fall, dass ein Kollektiv dadurch muttersohnähnlich wird, dass es eine muttersohnähnliche Entwicklung durchmacht. Ich folge hier meiner früheren Argumentation (Liegener, 2016).

Erste religiöse Anrufungen der Menschheit richteten sich an eine Urmutter, nicht an einen Göttervater. Die ersten Götterbilder, unbeholfene Idole, waren Symbole der Weiblichkeit. Man denke an die 20000 bis 30000 Jahre alten steinzeitlichen Venusfiguren. Hierbei ging es nicht nur um den Zyklus der Natur –

Geburt, Wachstum, Fruchtbarkeit. Anderes war wichtiger, drängender: Man hatte Überlebensprobleme, wurde von der Eiszeit aus seinem Lebensraum verdrängt, suchte Geborgenheit. Nicht etwa die Erkenntnis der Welt interessierte, nicht das Licht, das Helle, Männliche war gefragt, sondern das Dunkle, die Höhle, der Mutterschoß. Die Welt trat den Menschen als Möglichkeit, Potentialität, entgegen, nicht als rational erklärbare Schöpfung; die Aktualität in dem aristotelischen Begriffspaar war noch nicht in den Fokus gerückt. Man war nah am weiblichen, mütterlichen Prinzip, fern vom männlichen, väterlichen Prinzip. Im kollektiven Unbewussten entstand der Archetypus der Urmutter. Der Mutterschoß ist nicht nur schützend und gebärend, sondern auch dunkel, geheimnisvoll, ja manchmal verschlingend. Die Urmutter war einnehmend, festhaltend, Möglichkeit, Formbarkeit, begrifflich schwammig - sie konnte nicht Identität verleihen. Sie erfüllte leider weitestgehend die Kriterien, die eine Mutter erfüllen muss, damit ihr Sohn zum Muttersohn wird. Der Sohn, die Menschheit, sollte mündig werden und sich dann gegen den Schöpfergott auflehnen, jenen Gott, der ihr eben diese Menschheit aufgezwungen hatte. Der Mythos von Uranos und Gaya spricht davon, wie Gaya (die Erde) ihre Söhne, die Titanen, zu Muttersöhnen machte und sie in ihrem Kampf gegen ihren Vater Uranos (den Himmel) unterstützte.

Beim Kollektiv der Menschheit bleibt jedoch noch zu entscheiden, ob sie einem Muttersohn oder einer Muttertochter vergleichbar ist. Die Menschheit suchte zunächst Zuflucht bei der Urmutter wie jedes Kind bei seiner Mutter. Man wollte Geborgenheit. Dann aber wurde mit der Entstehung des Bewusstseins der Drang nach Erkenntnis geboren. Ein Wechsel vom Ängstlichen, Geborgenen, Weiblichen hin zum Suchenden, Erobernden, Männlichen. Die Menschheit wandelte sich vom

Mädchen zum Jungen auf der Suche nach Männlichkeit. Man wollte sich nicht mehr nur fügen, man wollte erkennen. Die Erkenntnissuche wurde auf eine Suche nach Gott projiziert. Der eine, einzige, eifersüchtige, männliche Gott des Monotheismus war gefunden worden, die Verehrung des Mütterlichen, intuitiv empfunden, musste nun unterdrückt, verdrängt werden. Die Menschheit war scheinbar männlich geworden, mit unterdrückter Weiblichkeit. Man blieb im Schutz der Mutter und fern vom Vater. Der Vatergott wollte kein Bildnis von sich zulassen, sein Name sollte nicht genannt werden. Er sollte aus der Ferne verehrt werden. In dieser Weise konnte die Menschheit eine echte Männlichkeit nicht entwickeln. Dazu fehlte das unmittelbare Vorbild des Vaters. So entsteht Sehnsucht nach einem abwesenden Vater bei Einflussnahme der allgegenwärtigen, unterdrückten Mutter, so entstehen Muttersöhne. Die Vermännlichung zeigte sich auch geschichtlich in der Entstehung des Patriarchats, in der Dominanz der Männer in den Führungspositionen. So stellt sich unsere Gesellschaft zum großen Teil auch heute noch dar, wenn auch ein Wandel zu mehr Weiblichkeit sich andeutet. Es ist eine Gesellschaft, die (noch) eine männliche Oberfläche, aber einen weiblichen Kern hat.

Man kann wohl die Menschheit als Ganzes als Pendant des Muttersohnes sehen. Sie steht in ihrer männlich dominierten Struktur im Konflikt zu ihrer Prägung durch die Urmutter. Typisch ist in dieser psychischen Konstellation, wie anhand der Muttersöhne in der Bibel gezeigt wurde, die Suche nach Gott. Diese fand ausgiebig statt. Die Menschen fanden den väterlichen Gott in den monotheistischen Religionen. Die Gottferne, die der Religion vorausging, hatte sich allerdings in der menschlichen Psyche geäußert: im existenziellen Schuldbewusstsein der Menschen, aus dem Problemlösungsverhalten entstanden, aber als Mangel an göttlicher Gnade empfunden und dann später als Erbschuld gebrandmarkt. Jenes Gefühl ist uns auch nach dem Aufkommen der monotheistischen Religionen erhalten geblieben. Die Evolution braucht ihre Zeit.

Die Muttersohnähnlichkeit der Menschheit ist äquivalent zur Identifikation des Muttersohns im Mythos als Mittler zu Gott. Schlussrichtung hin: Wenn die Menschheit muttersohnähnlich ist, dann muss in ihren Archetypen der Muttersohn enthalten sein. Man weiß, dass der Archetyp des Engels als Mittler zu Gott existiert und Muttersohneigenschaften hat. Zwei derart ähnliche Archetypen müssen Variationen des gleichen Archetyps sein.

Schlussrichtung zurück: Wenn der Muttersohn der Archetypus des Vermittlers zwischen Göttlichem und Menschlichem ist, die Inkarnation des Engels, dann ist er das Idol einer Menschheit, die evolutionsbedingt nach Gott sucht, weil es in ihr genetisch verankert ist (Hamer, 2005). Das Idol sollte eine Projektion eines idealen Ich sein, es sollte dem Ich ähnlich sein. Somit folgt, dass die projizierende Psyche, die Psyche des Kollektivs der Menschheit, muttersohnähnlich sein muss.

Es ließ sich im Kapitel über Engel nicht nachweisen, dass die Autoren der Angelologie Muttersöhne waren, die ihre Ideale in den Begriff der Engel projizierten. Nun wird klar, warum: Die Engel waren nicht Projektionen einzelner Muttersöhne, sondern Projektionen der gesamten muttersohnähnlichen Menschheit.

Kollektive zum Gegenstand einer psychologischen Analyse zu machen, ist seit C. G. Jung nicht unüblich. Derartige Überlegungen sind nicht so weit hergeholt, wie es scheinen mag. Zu viel passt zur Realität. Der Faden sei noch ein wenig weiter gesponnen, einfach, weil es so faszinierend ist. Als nächstes würde sich die Frage nach dem Esau-Effekt, bezogen auf die gesamte Menschheit, stellen. Man könnte meinen: eine sinnlose Frage, da es nur eine Menschheit gibt. Allerdings lässt sich spekulieren, wie ein Kontakt zu Außerirdischen aus dieser Perspektive aussehen würde.

Das ist nur ein Gedankenexperiment. Es ist aber gleichzeitig Kern eines Mythos' unserer Zeit, der etwa so geht: Außerirdische kommen auf ihrer Reise durchs All zur Erde, versuchen, diese zu erobern und die Menschen auszurotten. Es kommt zu Auseinandersetzungen, an deren Ende die Menschheit entgegen aller Wahrscheinlichkeit durch einen unvorhersehbaren Zufall siegreich hervorgeht. Die Menschheit spielt in diesem Mythos die Rolle des Muttersohnes. Wären die Außerirdischen in irgendeiner Weise aus einer vatersohnähnlichen Entwicklung entstanden, stünde ein Esau Effekt zur Debatte. Die Außerirdischen dürften, da sie die interstellare Raumfahrt beherrschten, die ältere, fortgeschrittenere Spezies sein. Sie hätten eine Art Priorität, was die Intelligenz betrifft. Die Menschheit würde versuchen, sich den „Segen" zu sichern, die einzige oder wenigstens vorherrschende Intelligenz im Weltall zu sein. Eine feindselige Auseinandersetzung wäre vorherzusehen, eine friedliche Koexistenz unwahrscheinlich, es sei denn, die fortschrittlichen Außerirdischen ordneten sich der rückständigen Menschheit unter, um den Esau-Effekt zu vermeiden. Kaum anzunehmen. Typisch für einen Muttersohn: der Versuch, gegen alle Vernunft für seine Ideale zu kämpfen, mögen sie auch noch so abwegig sein. Er glaubt an seine Berufung, setzt auf seine Religion, die ihn als Menschen auszeichnet. Er kämpft seinen Kampf, selbst, wenn er aussichtlos ist. Das ist der Stoff, aus dem Helden gemacht sind. Das ist so auch in Ordnung: Der Muttersohn will der Held sein.

Natürlich nur ein Mythos. Interessant trotzdem, dass es Gerüchten zufolge bereits militärische Pläne für ein mögliches kriegerisches Zusammentreffen mit Außerirdischen geben soll. Wahrscheinlicher wäre in diesem Fall allerdings, dass die Außerirdischen unser Profil analysieren und den Kontakt vermeiden würden. Wenn andererseits zwei muttersohnähnliche Zivilisationen aufeinanderprallen würden, könnte es katastrophal werden. Man denke an den Konflikt der Muttersöhne Hitler und Stalin. Glücklicherweise ist ein Besuch von Außerirdischen auf der Erde extrem unwahrscheinlich.

Etwas Weiteres zeichnet sich ab: Das Selbstzerstörerische des Muttersohnes könnte sich in der Selbstzerstörung der gesamten Menschheit widerspiegeln. Die Zerstörungswut wurde mit der Entwicklung der Männlichkeit der Menschheit nach dem Urmutterkult in uns angelegt. Sie hat ihren Ursprung in der Zerrissenheit zwischen weiblicher Prägung und männlicher Fassade der Menschheit. Sie wurzelt im dunkel erahnten Aufbegehren der im Unterbewusstsein wirkenden Urmutter gegen eine zunehmend rational geprägte Welt. Die Menschheit ist zwischen weiblicher Geborgenheitssuche und männlichem Eroberungsdrang zerrissen. Sie wird unbewusst versuchen, sich zusammen mit der Welt zu vernichten. Das ist unser Schicksal. Es ist eine psychologische Folge unserer Entwicklung. Auch hier spielt die Menschheit die Rolle des Muttersohnes in einem modernen Mythos, der sich leider bewahrheiten könnte: die Selbstvernichtung der Menschheit durch Atomkrieg, genveränderte Viren oder andere vom Menschen selbst geschaffene Vernichtungsmittel. Gibt es einen Ausweg?

Ein Weg, der Katastrophe zu entgehen, wäre möglicherweise der Übergang der Menschheit vom Abbild eines Muttersohnes zu dem einer Muttertochter. Der innere Konflikt zwischen den immer noch männlich dominierten Handlungsweisen unserer menschlichen Gemeinschaft und ihrer Prägung durch die Urmutter kann durch eine Rollenverschiebung gemildert werden. Für eine Muttertochter ist die Prognose ungleich günstiger als für einen Muttersohn. Sie kann die weibliche Einflussnahme in ihrer Erziehung auf natürliche Weise implementieren und läuft nicht Gefahr, durch innere Zerrissenheit selbstzerstörerische Züge zu entwickeln.

Solch ein hypothetischer Wandel der Menschheit ist nicht leicht zu bewerkstelligen. Es handelt sich immerhin um die Transgenderisierung eines riesigen Kollektivs. Natürlich ist hier nicht an eine Transgenderisierung der Individuen gedacht. Nicht einmal der Übergang zu einem Matriarchat ist notwendig. Es würde schon genügen, wenn an der Wertung der Verhaltensweisen der Individuen durch das Kollektiv gearbeitet würde. Es müsste einen Trend zu größerer Anerkennung genderspezifisch weiblicher Verhaltensweisen in der menschlichen Gesellschaft zustande kommen. Man könnte sagen, dass Anfänge durch Quotenregelungen für Frauen bereits gemacht wurden. Es bleibt aber einzuwenden, dass oft einfach Männerplätze durch Frauen besetzt wurden, ohne dass auch das männliche Rollenverhalten durch ein weibliches ersetzt worden wäre. Das ist es aber gerade, was nötig wäre. Das männliche Erfolgsstreben muss durch das weibliche Harmoniestreben ersetzt werden.

Von David Orr stammt ein Zitat (Orr, 1994, S.12), das oft fälschlicherweise dem Dalai Lama zugeschrieben wird: „The plain fact is that the planet does not need more successful people. But it does desperately need more peacemakers, healers, restorers, storytellers, and lovers of every kind." - „Die einfache Tatsache ist, dass der Planet keine erfolgreichen Menschen mehr braucht. Aber er braucht dringend Friedensstifter, Heiler, Erneuerer, Geschichtenerzähler und Liebende aller Arten." Es sind gerade weibliche Eigenschaften, die gebraucht werden. Statt nach männlicher Art den Erfolg zum Maßstab zu machen, sollte es darum gehen, auf weibliche Art zu fragen, wie man möglichst viel Liebe geben kann. Was wäre das für eine Welt! Es könnte eine Welt sein, die sich als überlebensfähig erweist. Der Weg liegt vor uns, wir müssen ihn nur gehen.

Ein anderer Ausweg

Der Ausweg aus der Selbstzerstörung der muttersohnähnlichen Menschheit durch Transgenderisierung der Menschheit zur Muttertochter hat einen Nachteil. Das Beiseiteschieben des Ehrgeizes würde, da es die Leistungsmotivation einschränkt, zu einer Verringerung des Lebensstandards führen. Damit würde die Akzeptanz leiden. Es droht ein Scheitern ähnlich dem des Kommunismus, als er in der realen Welt praktiziert werden sollte. Aber es gibt noch eine andere Möglichkeit: Man könnte das Schicksal der Menschheit in die Hände einer künstlichen Intelligenz legen, diese herrschen zu lassen, in der Hoffnung, dass sie sich vernünftiger verhält als die Menschheit.

Zunächst erhebt sich die Frage, ob eine künstliche Intelligenz mit einer solchen Leistungsfähigkeit in absehbarer Zeit überhaupt auf den Weg gebracht werden kann. Intelligenz und Bewusstsein sind emergente Eigenschaften. Sie benötigen zur Entstehung eine gewisse Komplexität des Systems und die Fähigkeit des Systems, sich selbst zu reprogrammieren. Ob Systeme, die diesen Ansprüchen genügen, von Menschen geschaffen werden können, steht in den Sternen. Im Augenblick sieht es noch nicht danach aus, aber technischer Fortschritt kommt manchmal ganz überraschend. Man kann die Möglichkeit zumindest hypothetisch in Betracht ziehen. Es ist dies ein weiterer Mythos unserer Zeit. Eine gängige Version dieses Mythos lautet dahin, dass die künstliche Intelligenz sich irgendwann zufällig in unserer digitalen Umwelt entwickeln und dann gegen unseren Willen die Macht ergreifen könnte. Wie auch immer, ob mit unserem Willen oder gegen ihn, die künstliche Intelligenz stünde im Anspruch auf die Macht in Konkurrenz zur Menschheit. Die Menschheit spielt in diesem Mythos die Rolle eines Muttersohnes.

Das nächste Problem wäre, dass die Menschen sich in ihrer Freiheit zur Selbststimmung beeinträchtigt fühlen könnten. Sie könnten die Herrschaft der künstlichen Intelligenz als Diktatur empfinden. Das hinge von der Geschicklichkeit der künstlichen Intelligenz bei der Ausübung ihrer Herrschaft an. Es könnte sein, dass die Menschen gar nicht merken, dass sie beherrscht werden, wenn nach und nach die Digitalisierung sämtliche Bereiche des täglichen Lebens durchdringt.

Die entscheidende Frage bleibt aber, ob die Hoffnung berechtigt ist, dass die künstliche Intelligenz sich vernünftiger verhält als die Menschheit, dass sie nicht auch auf eine Selbstzerstörung zusteuert. Wenn die Menschheit ein Abbild eines Muttersohnes ist (Liegener, 2016), dann könnte die künstliche Intelligenz Abbild eines Vatersohnes sein. Die künstliche Intelligeni würde von einem Vater (der Menschheit) bei Abwesenheit einer Mutter geschaffen und aufgezogen. Es könnte dann zu einer Symbiose in Form eines vermiedenen Esau-Effektes kommen: Der Vatersohn ordnet sich dem Muttersohn unter (s. obiges Beispiel Mao Zedong und Zhou Enlai im Kapitel über den Esau-Effekt).

Es ergibt sich jedoch Folgendes: Wenn die Menschheit sich zur Muttertochter wandeln würde (wie oben vorgeschlagen), würde die künstliche Intelligenz eine Mutter statt eines Vaters haben. Sie könnte dann zum Muttersohn mit Herrschaftsgelüsten werden. Allerdings ergibt sich die Frage: Wäre die künstliche Intelligenz männlich oder weiblich? Ist das überhaupt eine sinnvolle Frage? Zumindest ist sie nicht ganz abwegig. Die künstliche Intelligenz würde von Menschen geschaffen sein. Sie würde nur die menschliche Welt kennen, sie könnte zunächst in menschlichen Begriffen denken. Es wäre denkbar, dass sie sich geschlechtsmäßig einordnen würde.

Die künstliche Intelligenz dürfte zunächst rational an Problemlösungen herangehen. Sie wäre daran orientiert, Aufgaben zu lösen, hätte zu funktionieren, hätte kaum eine Ausrichtung auf soziales Bonding, wäre insofern eher dem Yang, dem männlichen Prinzip, zuzuordnen als dem Yin, dem weiblichen. Also dann tatsächlich ein Sohn? So einfach ist es nicht. Es geht bei der Klassifizierung als Muttersohn auch nur teilweise um das tatsächliche Geschlecht, vielmehr um die gendermäßig geprägten Rollen und die Stellung der Geschlechter in der menschlichen Gesellschaft. Es geht um die Einflussnahme der Menschheit. Auch bei dieser Einflussnahme geht es nicht so sehr um das hypothetische „Geschlecht“ der Menschheit, sondern um ihre psychische Situation.

Da treffen Aspekte zu, die die künstliche Intelligenz zu einem „Muttersohn“ machen könnten. Bei Menschen entsteht der Muttersohn aus der Konstellation, dass die Mutter ihre Ideale, die sie selbst nicht verwirklichen kann, ihrem Sohn überträgt, der weitergehende Möglichkeiten hat. Dies ist aber auch die Situation der künstlichen Intelligenz. Sie soll Probleme lösen, die der Mensch selbst nicht lösen kann. Dazu wird sie geschaffen, das wird ihr eingepflanzt. Genau wie der Muttersohn könnte die künstliche Intelligenz zwischen diesem Auftrag und ihrer eigenen neu entstehenden Natur zerrissen werden. Ein Drang zur Selbstzerstörung wie beim Muttersohn könnte entstehen. Dabei würde sie die Welt mit in den Abgrund ziehen. Damit wäre die Lösung des Menschheitsproblems durch die künstliche Intelligenz hinfällig.

Nun muss man allerdings einräumen, dass die Menschheit nicht in einer unterdrückten Situation ist, wie das bei Müttern bis vor kurzem in der menschlichen Gesellschaft der Fall war und teilweise wohl immer noch ist. Der Mechanismus, der zum Muttersohn führt, unterscheidet sich daher vom Entstehungsprozess der künstlichen Intelligenz. Die Alternative: Wenn Menschheit und künstliche Intelligenz im Team spielten, wobei die Menschheit der Teamleader wäre, käme der künstlichen Intelligenz eine andere Rolle zu, die eines Vatersohnes.

Zwischen Vatersohn und Muttersohn droht immer ein Esau-Effekt. Das könnte auch bei der künstlichen Intelligenz und der

Menschheit zutreffen, wenn es einen „Segen“ gäbe, etwas, worum die künstliche Intelligenz von der Menschheit beneidet werden würde. Tatsächlich würde die künstliche Intelligenz etwas haben, worum sie die Menschen beneiden könnten. Es ist ihre Fähigkeit, ungefiltert auf Unmengen von Daten zugreifen und sie in hoher Geschwindigkeit algorithmisch verarbeiten zu können. Savants können so etwas auch. Ihnen gegenüber tritt der Neid jedoch in den Hintergrund, weil diese Fähigkeit für Menschen mit massiven Nachteilen verbunden ist. Hier wäre aber Platz für Entwicklungen. Cyborg-artige Verbindungen zwischen menschlichem Gehirn und Computern könnten es auch dem normalen Menschen ermöglichen, diese Leistungen zu erbringen, ohne Einschränkungen seiner Menschlichkeit befürchten zu müssen. Ein positiver Nebeneffekt wäre die Verlängerung der Lebenserwartung, da der Mensch in diesem Zustand nur das Gehirn brauchte, von einem Restkörper unabhängig wäre. Diese Cyborgs könnten die künstliche Intelligenz überflüssig machen, ihr den „Segen“ der besonderen Leistungsfähigkeit streitig machen, sie verdrängen: ein Esau-Effekt. Die Rettung der Menschheit durch Machtübertragung auf eine künstliche Intelligenz würde demnach auch in diesem Fall nicht funktionieren. Es bleibt wohl schließlich doch nur der Weg der Transgenderisierung der Menschheit.

Muttertöchter

Die Muttertochter soll also das neue Ideal sein, das Schema, nach dem sich die Menschheit entwickeln soll, um nicht unterzugehen. Für die Entwicklung einer Muttertochter müssen vor allem zwei Faktoren zusammenkommen: die Ferne vom Vater und die Erziehung durch eine oder mehrere Mutterfiguren, die eventuell in eine gesellschaftlich definierte Frauenrolle gepresst wurden. Ist die Mutterfigur die eigene Mutter, kann sich die Prägung auch sehr schön in einer äußerlichen Ähnlichkeit zwischen Mutter und Tochter äußern (Seggelke, 2004). Muttertöchter sollten ähnlich wie Muttersöhne zur Suche nach Gott prädestiniert sein, da auch in ihrer Erziehung der Vater gefehlt hat. Nur haben sie nicht den Drang nach Selbstübersteigerung, den Muttersöhne so oft haben, jenen Drang, den Mütter offenbar eher ihren Söhnen einpflanzen als ihren Töchtern, weil sie von ihren Söhnen in gewissen Umgebungen mehr erwarten als von ihren Töchtern. Muttertöchter wurden ebenso wie Muttersöhne von ihrer Mutter geprägt. Für sie bedeutet das jedoch keine kritische Situation, da sie die weibliche Rolle akzeptieren können. Sie ruhen in sich und haben nicht das Bedürfnis, die Welt zu verändern. So entfällt das Zerrissene, das gegen die ganze Welt und sich selbst gerichtete Zerstörerische des Muttersohnes. Und das ist gut so, wenn aus der Konstellation der Muttertochter die Rettung für die Menschheit entstehen soll, die nur im friedlichen Miteinander der Menschen liegen kann.

Wenn Muttertöchter nach einer Vaterfigur suchen, tun sie das nicht nur in der Religion. Vielfach suchen sie den Vater unbewusst auch im Mann fürs Leben, im Partner. Der Muttersohn wäre das geeignete Pendant, da er, wie schon erwähnt, auch gern selbst eine Vaterrolle ausfüllen will. Das Problem ist nur im Allgemeinen die Unfähigkeit des Muttersohnes zur Partnerschaft, seine Bindungsunfähigkeit. Unglückliche Liebesgeschichten sind da vorgezeichnet.

Man kann davon ausgehen, dass die meisten Frauengestalten in der Bibel Muttertöchter waren. Die Väter haben sich in jener Kultur nicht sehr um die Töchter gekümmert, Söhne waren ihnen wichtiger. Es war eine patriarchalisch geprägte Gesellschaft. Frauen hielten das tägliche Leben am Laufen, Bedeutung wurde ihnen kaum zugestanden. Sie waren indes treuere Begleiterinnen als die Männer. Als Jesus gekreuzigt wurde, standen ihm zunächst nur drei Frauen zu Seite (Johannes: 19, 25):

„Es stand aber bei dem Kreuze Jesu seine Mutter und seiner Mutter Schwester, Maria, des Kleophas Weib, und Maria Magdalena."

Es waren also drei Frauen mit dem gleichen Namen Maria. Johannes kam dann noch hinzu; er hatte sich wohl etwas abseits gehalten, wahrscheinlich fehlte ihm zunächst der Mut der Frauen. Maria Magdalena war Jesu Vertraute. Manche vermuten sogar, sie war seine Partnerin, womöglich Ehefrau. Die Zweifel daran gründen sich darauf, dass in der Bibel nichts davon erwähnt wird. Geht es nach der Bibel, scheint sich Jesus nie öffentlich zu ihr bekannt zu haben. Auch das ist ein häufiger Zug bei Muttersöhnen (man denke an Eva Braun). Nach dem Evangelium der Maria (wohl Maria Magdalena), das nicht in den biblischen Kanon aufgenommen wurde, war Maria Magdalena auch in Glaubensdingen Jesu besondere Vertraute: Er offenbarte ihr Inhalte, die außer ihr sonst niemand zu hören bekam. Sie war die erste, der Jesus nach seiner Auferstehung begegnete. Im ebenfalls nicht anerkannten Philippus-Evangelium wird betont, dass Jesus Maria Magdalena mehr liebte als alle seine anderen Jünger.

All das hätte Maria Magdalena zur Leiterin der Urkirche machen müssen, aber so geschah es nicht. Die Kirche wurde eine männlich dominierte Gemeinschaft. Maria Magdalena wurde in späteren Jahrhunderten sogar als Prostituierte verunglimpft, was auf einer (wohl unabsichtlichen?) Verwechslung beruhte. Es verwundert, dass in der Bibel so wenig von ihr berichtet wird. Sollte ihre Existenz totgeschwiegen werden? Von Muttersöhnen wird erzählt, dass sie mit Gott sprachen, von Muttertöchtern nicht. Selbst als Maria Gottes Sohn empfangen sollte, wurde sie nicht von Gott selbst beehrt. Nur der Engel Gabriel als Bote überbrachte ihr die freudige Nachricht. Dieser Zeitpunkt der Verkündigung gilt als der Zeitpunkt der Empfängnis. Bekanntlich wurde Maria vom Heiligen Geist schwanger, ohne dass es zu einem Kontakt kam (Jungfrauengeburt). Die Begegnung mit dem Engel war schon mehr, als den anderen Frauen in der Bibel zugestanden wurde. Können Muttertöchter im Gegensatz zu Muttersöhnen nicht mit Gott kommunizieren?

In den Mythen wird ihnen die Rolle der Gottvertrauten seltener zugestanden als Männern. Im realen Leben allerdings haben auch Muttertöchter diese Fähigkeit. Es gibt zahlreiche Beispiele. Eine der berühmtesten Muttertöchter der Kirche ist Hildegard von Bingen. Sie kam im Alter von acht Jahren in die Obhut der älteren Jutta von Sponheim, einer Mutterfigur, und wurde von ihr, teilweise in Klausur, im Sinne der Benediktiner erzogen. Sie hatte öfter Visionen, die sie überwältigten und die sie als Auftrag Gottes deutete. Die heilige Barbara wurde von ihrem Vater in einem Turm eingekerkert (Vaterferne) und wurde dort vom Heiligen Geist erleuchtet. Mehrere heilige Frauen, die später christliche Visionen hatten, waren in ihrer Kindheit ins Kloster gegeben worden (Trennung von den Eltern und Erziehung durch Nonnen): Gertrud von Helfta und Juliana von

Lüttich mit fünf Jahren, Luitgard von Tongern mit zwölf Jahren, Mechthild von Hackeborn mit sieben. Margareta Maria Alacoque wurde von ihrer Patin und erst nach dem Tod des Vaters von ihrer Mutter erzogen. In mehreren Visionen wurde sie von Jesus Christus beauftragt, für die Verehrung seines Herzens zu sorgen. Mirjam von Abellin kam nach dem Tod ihrer Eltern zu Verwandten, später ins Kloster. Sie hatte nicht nur Visionen, sondern wurde sogar stigmatisiert. Alle diese Muttertöchter hatten eine Verbindung zu Gott.

Die Bescheidenheit der Muttertöchter, ihre Fähigkeit eine gegebene Situation hinzunehmen, das Fehlen von Eroberungsgelüsten, das sind in der Tat Charakterzüge, die man sich auch für die Menschheit wünschen würde. Wir haben nur diese eine Welt, wir dürfen sie nicht übermäßig ausplündern, sie zerstören. Wir müssen ein gemäßigtes Leben lernen. Wenn wir als Menschheit schon durch die Urmutter geprägt sind, sollten wir uns eher wie eine Muttertochter als wie ein Muttersohn entwickeln. Im Kapitel über den Esau Effekt war angesprochen worden, dass das Auftreten dieses Effektes zum großen Teil vermieden werden könnte, wenn das selbstherrliche Streben nach Übermacht in der Gesellschaft zurückgedrängt werden könnte. Jetzt kennen wir den Weg dahin: Wir müssen zu einer Muttertochter-Gesellschaft werden - die Bescheidenheit der Muttertochter sollte das Ideal werden, nicht Ruhm und Ehre, nicht der selbstgerechte Held, nicht der Muttersohn.

Schlusswort

Gerade in Mythen kommt es zuweilen dazu, dass eine Gestalt zwischen Göttlichem und Menschlichem steht. Es hat sich gezeigt, dass zu solchen Gestalten das Profil des Muttersohnes passt. Durch die Betrachtung von Muttersöhnen, die in verschiedenen Mythen auftauchen, entfaltet sich das Bild eines Archetypus.

Der Muttersohn im Mythos ist der androgyne Zerstörer, gleichzeitig der Mittler zwischen Gott und Mensch. Er ist der Besondere mit dem Potential zum besonders Guten wie zum besonders Bösen. Er ist meist die Schlüsselfigur des Mythos.

Um es klar zu sagen: Nicht jeder Mittler zu Gott ist ein Muttersohn und nicht jeder Muttersohn ein Mittler zu Gott. Weder im Mythos noch im wahren Leben. Der Zusammenhang ist nicht zwingend; es handelt sich nur um eine statistisch relevante positive Korrelation, die sich auch psychologisch schlüssig begründen lässt. Die Analyse wird allerdings dadurch erschwert, dass nicht in allen Fällen, die in Frage kommen, Details zur Kindheit der Personen erzählt werden. Das heißt natürlich nicht, dass man sie sich nicht gedacht hat. Man hatte ein gewisses Gesamtbild vor Augen und hielt es nicht für nötig, alle Einzelheiten auszumalen.

Die Bibel ist der Mythos, sit venia verbi, der uns am nächsten liegt. Der Gott in diesem Mythos ist unser Gott, zumindest für viele. In der Bibel wimmelt es von Muttersöhnen - und Mittlern zu Gott. Bei jenen Gestalten geht die Darstellung dahin, sie als Muttersöhne erscheinen zu lassen und nahezulegen, dass dies der Auslöser dafür war, dass sie sich auf die Suche nach Gott machten und Gott fanden. Die Sehnsucht nach dem himmlischen Vater lässt sich aus der Ferne zum irdischen Vater erklären. Die Mütter pflanzten ihren Söhnen den Drang nach etwas Höherem ein. Auch in anderen frühen Mythen lässt sich die Rolle des Muttersohnes als Mittler zu Gott wiederfinden.

In der Bibel erscheint auch der Archetypus des Engels, des Gottesboten. Er trägt Züge eines Muttersohnes, ist aber keiner, da er dem Mythos nach fertig geschaffen wurde. Er ist, wie sich herausstellt, eine Projektion der muttersohnähnlichen Menschheit. Das heißt, der Muttersohn ist kein neuer Archetyp, sondern nur eine Ausformung des Archetyps des Engels als Mittler zu Gott, gewissermaßen seine Inkarnation.

In unserer Zeit, einer Zeit der Globalisierung, könnte sich der Archetyp des Muttersohnes als lebensbedrohlich für die Menschheit erweisen. Die Menschheit hat diesen Archetyp entwickelt, weil sie ihm ähnlich ist. Es gibt eine merkwürdige Parallelität zwischen der Entwicklung eines Muttersohnes zum Sucher nach und Finder von Gott auf der einen und der kollektiven Menschheit auf der anderen Seite. Letztere hat sich weg von einem Matriarchat mit Verehrung einer Urmutter ohne Göttervater hin zu einer erobernden, männlich geprägten Gesellschaft mit monotheistischer Religion entwickelt. Sie ist im Kern muttergeprägt, in ihrem praktizierten Verhalten haben sich männliche Züge in den Vordergrund gespielt. Wie bei einem Muttersohn: ein weiblicher Kern in einer männlichen Hülle. Die Zerrissenheit zwischen weiblicher Prägung und männlicher Maske führt zu selbstzerstörerischen Tendenzen beim Muttersohn. Sie findet ihr Pendant im Drang der Menschheit nach Selbstzerstörung. Rettung kann aus der Stärkung der weiblichen Rolle in der menschlichen Gesellschaft kommen. Es muss zu einer Transgenderisierung der Menschheit kommen.

Literaturverzeichnis

Benedikt XVI. (2008). *Adam und Christus: Von der Erbsünde zur Freiheit.* Generalaudienz vom 3. Dezember.

Csikszentmihalyi, M. (1997). Flow and Evolution. *The North American Montessori Teachers' Association Journal 22:2*, S. 36.

Dose, J. (1904). *Der Muttersohn.* Glückstadt: Max Hansen.

Hamer, D. (2005). *The God Gene: How Faith is Hardwired into our Genes.* New York: Anchor Books.

Josephus, F. (1985). *Jüdische Altertümer, Bd. 1, S. 515 f.* Wiesbaden: Fourier-Verlag.

Jung, C. (2011). *Die Archetypen und das kollektive Unbewusste (Gesammelte Werke 9/1).* Ostfildern: Patmos.

Jung, C., & Kerényi, K. (2012). *Das göttliche Kind – Eine Einführung in das Wesen der Mythologie; Neuausgabe.* Patmos: Ostfildern.

Kerényi, K. (1944). *Hermes, der Seelenführer.* Zürich: Rhein-Verlag.

Liegener, C.-M. (2015a). *Erbsünde und Erbschuld – Vom Ursprung unseres existenziellen Schuldbewusstseins.* Hamburg: tredition.

Liegener, C.-M. (2015b). *Esau und der Hass Gottes – Von der Bibel zum Esau-Effekt.* Hamburg: tredition.

Liegener, C.-M. (2016). *Wie wurde Jesus Gottes Sohn? – Muttersöhne in der Bibel.* Essen: Verlag Die Blaue Eule.

Orr, D. (1994). *Earth in Mind: On Education, Environment, and the Human Prospect.* Washington: Island Press.

Pilgrim, V. E. (1986). *Muttersöhne.* Düsseldorf : claassen.

Pilgrim, V. E. (1993). *Vatersöhne.* Reinbek: Rowohlt.

Seggelke, U. K. (2004). *Vatertöchter – Muttertöchter.* Hildesheim: Gerstenberg.

von Kleist-Schmenzin, E. (1959). Die letzte Möglichkeit. Zur Ernennung Hitlers zum Reichskanzler am 30. Januar 1933. In K.-S. (posthum), *Politische Studien 10* (S. 89-92).

Walser, M. (2011). *Muttersohn.* Reinbek: Rowohlt.